Noveller på Holländska

Korta berättelser på Holländska för nybörjare och elever på mellanstadiet

Jan Bakker

greenthumbpublishing@gmail.com

Innehåll

Introduktion

Att läsa på ett främmande språk är ett av de mest effektiva sätten att förbättra språkkunskaperna och utöka ordförrådet. Det kan dock ibland vara svårt att hitta engagerande läsmaterial på en lämplig nivå som ger en känsla av prestation och framsteg. De flesta böcker och artiklar som är skrivna för modersmålstalare kan vara för långa och svåra att förstå eller ha ett ordförråd på mycket hög nivå så att du känner dig överväldigad och ger upp. Om dessa problem låter bekanta är den här boken något för dig!

Noveller på Holländska är en samling av 25 okonventionella och underhållande noveller som är utformade för att hjälpa nybörjare och elever på mellannivå Holländska att förbättra sina språkkunskaper.

Dessa noveller skapar en stödjande läsmiljö genom att innehålla:

- Ett rikt språkligt innehåll i olika genrer som underhåller dig och ger dig en mängd olika ordformer.
- Kortare berättelser i kapitel för att ge dig nöjet att avsluta berättelser och göra snabba framsteg.
- Texter som är skrivna på din nivå så att de är lättare att förstå och inte överväldigande.
- Svensk översättning på växlande sidor, så att du kan läsa den rad för rad när du läser berättelsen Holländska.
- Nyckelord är tryckta i fetstil i berättelsen och översättningen för att hjälpa dig att lättare förstå okända ord.
- Förståelsefrågor för att testa din förståelse av viktiga händelser och för att uppmuntra dig att läsa mer i detalj.

Oavsett om du vill utöka ditt ordförråd, förbättra din förståelse eller bara läsa för skojs skull är den här boken det största steget framåt du kan ta i dina studier i år. Noveller på Holländska ger dig allt stöd du behöver, så luta dig tillbaka, slappna av och låt fantasin flöda när du förflyttas till en magisk värld av äventyr, mysterier och intriger - på Holländska!

Hur du använder den här boken

Läsning är en svår talang att bemästra. Vi använder en rad mikrofärdigheter för att hjälpa oss att läsa på våra modersmål. Vi kan till exempel skumma ett avsnitt för att få en grov förståelse, eller en kontentan, av vad det handlar om. Vi kan också kamma igenom många sidor i en tågplan för att hitta en viss tid eller plats. Medan dessa mikrofärdigheter är en självklarhet när vi läser på våra modersmål, visar forskning att vi ofta glömmer de flesta av dem när vi läser på ett främmande språk. När vi lär oss ett främmande språk börjar vi vanligtvis i början av en text och arbetar oss igenom den och försöker förstå varje enskilt ord. Det är oundvikligt att vi stöter på obekanta eller komplicerade termer och blir irriterade över vår oförmåga att förstå dem.

En av de största fördelarna med att läsa på ett främmande språk är att du får tillgång till ett stort antal fraser och uttryck som används i vardagliga situationer. Extensiv läsning är en term som används för att beskriva läsning för nöjes skull för att lära sig ett språk. Det är inte som att läsa en lärobok, då konversationer eller texter är utformade för att läsas långsamt och noggrant med målet att förstå varje ord. “Intensiv läsning” avser läsning som görs för att uppnå specifika inlärningsmål eller slutföra uppgifter. För att uttrycka det på ett annat sätt: grundlig läsning i läroböcker hjälper vanligtvis till att lära sig grammatiska regler och särskilt ordförråd, men omfattande läsning av berättelser hjälper till att lära sig det naturliga språket.

Noveller på Holländska ger dig möjligheter att lära dig

mer om det naturliga Holländska språket i bruk, även om du kanske har börjat din språkinlärningsresa med enbart läroböcker. Här är några tips att tänka på när du läser berättelserna i den här boken för att få ut så mycket som möjligt av dem: När det gäller läsning är nöje och en känsla av att ha uppnått något avgörande. Du fortsätter att komma tillbaka för mer eftersom du tycker om det du läser. Att läsa varje berättelse från början till slut är den bästa metoden för att njuta av att läsa berättelser och känna sig fulländad. Följaktligen är det mest avgörande att komma till slutet av en berättelse. Det är faktiskt mer avgörande än att kunna varje enskilt ord.

Ju mer du läser, desto mer kunskap får du. Om du läser större böcker för nöjes skull kommer du snabbt att få kunskap om hur Holländska fungerar. Tänk dock på att för att få alla fördelar av omfattande läsning måste du först läsa en tillräckligt stor volym. Om du läser några sidor här och där kan du kanske lära dig några nya ord, men det kommer inte att göra någon större skillnad i din totala nivå av Holländska.

Acceptera att du inte kommer att förstå allt du läser i en roman. Detta är utan tvekan den viktigaste punkten! Kom alltid ihåg att det är helt acceptabelt att inte förstå alla ord eller meningar. Det innebär inte att dina språkkunskaper är otillräckliga eller att du presterar dåligt. Det tyder på att du aktivt deltar i inlärningsprocessen.

Läsguide

För att få ut så mycket som möjligt av att läsa Noveller på Holländska är det bäst om du följer denna enkla läsprocess i sex steg för varje kapitel i berättelserna:

1. Läs kapitlets titel. Tänk på vad berättelsen kan handla om. Läs sedan berättelsen hela vägen igenom. Ditt mål är helt enkelt att nå slutet av berättelsen. Stanna därför inte upp för att slå upp ord och oroa dig inte om det finns saker som du inte förstår. Försök helt enkelt att följa handlingen.

2. När du når slutet av berättelsen ska du skanna den svenska översättningen för att se om du har förstått vad som har hänt och ta upp eventuella sammanhang som du kan ha missat.

3. Gå tillbaka och läs samma berättelse igen. Om du vill kan du fokusera mer på berättelsens detaljer än tidigare, men annars är det bara att läsa igenom den en gång till.

4. Arbeta sedan igenom förståelsefrågorna i Holländska för att kontrollera din förståelse av viktiga händelser i berättelsen. Om du inte förstår frågorna helt och hållet ska du inte oroa dig. Använd dina kunskaper för att svara så gott du kan.

5. Vid det här laget bör du ha en viss förståelse för de viktigaste händelserna i kapitlet. Om inte kan du läsa om kapitlet några gånger med hjälp av översättningen för att kontrollera okända ord och fraser tills du känner dig säker.

När du är redo och säker på att du förstår vad som har

hänt - oavsett om det är efter en eller flera läsningar av berättelsen - går du vidare till nästa berättelse och fortsätter att njuta av berättelsen i din egen takt, precis som du skulle göra med vilken annan bok som helst.

Först när du har avslutat en berättelse i sin helhet bör du överväga att gå tillbaka och studera berättelsespråket mer ingående om du vill. Eller i stället för att oroa dig för att förstå allt, ta dig tid att fokusera på allt du har förstått och gratulera dig själv till allt du har gjort.

Noveller på Holländska

Windmolens

De windmolen is al eeuwenlang niet meer weg te denken uit de menselijke **beschaving**. Eerst werden ze gebruikt om graan te malen, maar nu worden ze voor allerlei doeleinden gebruikt, van het opwekken van elektriciteit tot het oppompen van water. Maar wat als er een windmolen was die een meer sinister doel had? Het was een donkere en stormachtige nacht toen de man bij de windmolen aankwam. Hij voelde een **griezelige** aanwezigheid, alsof hij leefde en naar hem keek. De man wist dat hij hier niet had moeten komen, maar hij kon de aantrekkingskracht van de windmolen niet weerstaan. Het leek hem te roepen, hem **dichterbij** te lokken. Toen hij dichterbij kwam, kon hij zien dat de ramen van de molen gloeiden met een buitenaards **licht**. Er was zeker iets niet in orde met deze plek. Maar toch, hij kon de roep niet weerstaan. Hij moest weten wat er binnen was.

Hij stapte door de deur en kwam in een heel andere wereld. Het eerste wat hem opviel was de geur: muf en aards, met een zweem van **bloed** in de lucht. De man zijn hart bonkte terwijl hij de vreemde kamer rondkeek. Het leek op niets wat hij ooit eerder had gezien. Er waren **symbolen** in de muren gekerfd en een groot **pentagram** in het midden van de vloer. In een hoek stond een klein altaar met brandende kaarsen. En in

Väderkvarnar

Väderkvarnen har varit en viktig del av den mänskliga **civilisationen i** århundraden. De användes först för att mala spannmål, men nu används de för en mängd olika ändamål, från att generera elektricitet till att pumpa vatten. Men tänk om det fanns en väderkvarn som hade ett mer ondskefullt syfte? Det var en mörk och stormig natt när mannen kom till väderkvarnen. Han kunde känna en **kuslig** närvaro från den, som om den levde och iakttog honom. Mannen visste att han inte borde ha kommit hit, men han kunde inte motstå vindkraftverkets dragningskraft. Det verkade som om den ropade på honom och vinkade honom **närmare**. När han kom närmare kunde han se att kvarnens fönster glödde i ett utomjordiskt **ljus**. Det var definitivt något som inte stämde med den här platsen. Men ändå kunde han inte motstå dess kallelse. Han var tvungen att veta vad som fanns där inne.

Han klev in genom dörren och kom in i en helt annan värld. Det första som slog honom var lukten: mossig och jordig, med en antydan av **blod** i luften. Mannens hjärta bultade när han såg sig omkring i det märkliga rummet. Det liknade ingenting som han någonsin hade sett förut. Det fanns **symboler** inristade i väggarna och ett stort **pentagram i** mitten av golvet. I ett hörn stod ett litet altare med brinnande ljus på. Och i ett annat

een andere hoek leek een soort dierenkooi te staan. De man wist niet wat hij van dit alles moest denken, maar één ding wist hij zeker: dit was niet zomaar een windmolen meer. Dit was iets heel anders. Hij wist niet wat voor soort kracht of **kwaad** hier woonde, maar hij wist dat het **gevaarlijk** was. Hij moest hier weg voor het te laat was.

De man wilde naar de deur rennen, maar hij werd tegengehouden door een **diepe**, keelachtige stem. "Je had hier niet moeten komen," zei de stem. "Dit is geen plaats voor stervelingen." De man draaide zich langzaam om om te zien wie er sprak, en zijn bloed werd koud toen hij het schepsel voor hem zag staan. Het was mensachtig, maar zijn huid was **groen** en geschubd, als die van een reptiel. Zijn ogen waren **roodgloeiend** en het had scherpe tanden die in staat leken vlees te verscheuren. De man wist dat hij nu in de problemen zat. Er was geen manier waarop hij dit ding kon afweren of hier **levend** vandaan kon komen. Hij kon alleen maar hopen dat welke macht of welk kwaad dan ook op deze plek resideerde, tevreden zou zijn met zijn **dood**. Het schepsel naderde de man langzaam, genietend van de blik van angst in zijn ogen. Het had honger, en het was lang geleden dat het mensenvlees had gegeten. Het bloed van de man zou een smakelijke traktatie zijn.

hörn verkade det finnas någon slags djurbur. Mannen visste inte vad han skulle tro om allt detta, men han visste en sak med säkerhet: detta var inte längre bara en väderkvarn. Det här var något helt annat. Han visste inte vilken slags kraft eller **ondska som** fanns här, men han visste att det var **farligt**. Han måste ta sig härifrån innan det var för sent.

Mannen vände sig om för att springa mot dörren, men han stoppades av en **djup**, guttural röst. "Du skulle inte ha kommit hit", sa rösten. "Detta är inte en plats för dödliga." Mannen vände sig långsamt om för att se vem som hade talat, och hans blod rann kallt när han såg varelsen som stod framför honom. Den var humanoid, men dess hud var **grön** och fjällig, som hos en reptil. Dess ögon var **glödande** röda och den hade vassa tänder som såg ut att kunna slita kött. Mannen visste att han var i knipa nu. Det fanns inget sätt för honom att slåss mot den här saken eller fly härifrån **levande**. Han kunde bara hoppas att den makt eller ondska som fanns på den här platsen skulle vara nöjd med hans **död**. Varelsen närmade sig mannen långsamt och njöt av den skräckfyllda blicken i hans ögon. Den var hungrig, och det var länge sedan den hade ätit människokött. Mannens blod skulle bli en välsmakande behandling.

Begrip vragen

1. Wat is de windmolen?

2. Wat is het doel van de man om naar de windmolen te komen?

3. Wat voelt de man als hij bij de windmolen aankomt?

4. Wat ziet de man als hij naar de windmolen kijkt?

5. Waarom gaat de man de windmolen binnen?

6. Wat is het eerste wat de man opvalt als hij de windmolen binnengaat?

7. Wat is er in de kamer?

8. Wie spreekt tot de man?

9. Wat is het schepsel?

10. Wat is het lot van de man?

Frågor om förståelse

1. Vad är en väderkvarn?

2. Vad är mannens syfte med att komma till väderkvarnen?

3. Vad känner mannen när han kommer fram till väderkvarnen?

4. Vad ser mannen när han tittar på väderkvarnen?

5. Varför går mannen in i väderkvarnen?

6. Vad är det första mannen märker när han kommer in i väderkvarnen?

7. Vad finns i rummet?

8. Vem talar till mannen?

9. Vad är varelsen?

10. Vad är mannens öde?

Amsterdam

De stad Amsterdam is een prachtige plaats. De grachten staan vol met **bomen** en bloemen, en de gebouwen hebben allemaal verschillende kleuren. Het is een heel vriendelijke stad, en er zijn altijd mensen op de been. Ik ben hier geboren, in een van de kleine huisjes aan de **gracht**. Mijn ouders waren allebei kunstenaars, en ze schilderden graag de Amsterdamse taferelen. Ik groeide op omringd door hun kunst, en het inspireerde me om zelf ook **kunstenaar** te worden. Tegenwoordig woon ik met mijn vrouw en twee kinderen in een groter huis vlakbij het centrum van de stad. We hebben nog steeds een aantal schilderijen van mijn ouders aan **de muur hangen**, evenals een aantal van mijn eigen werken. Ik denk graag dat hun invloed in de loop der jaren op mij is overgegaan. Vanmorgen liep ik langs het kanaal en bewonderde het landschap, zoals ik altijd doe. De zon begon net op te komen en het licht scheen **prachtig** op het water.

Ik zag een paar eenden voorbij zwemmen, en ik stopte om ze een tijdje te bekijken. Plotseling hoorde ik iemand mijn naam roepen. Het klonk als mijn **vrouw**, dus ik draaide me om, en ja hoor, ze rende naar me toe met een grote glimlach op haar gezicht. Ze zei dat ze me overal had gezocht omdat we met vrienden zouden gaan ontbijten. Ik lachte en zei haar dat ze had moeten

Amsterdam

Amsterdam är en vacker stad. Kanalerna kantas av **träd** och blommor och byggnaderna har alla olika färger. Det är en mycket vänlig stad och det finns alltid folk ute på stan. Jag föddes här, i ett av de små husen vid **kanalen**. Mina föräldrar var båda konstnärer och de älskade att måla scenerna i Amsterdam. Jag växte upp omgiven av deras konst, och det inspirerade mig att själv bli **konstnär.** Numera bor jag i ett större hus nära centrum med min fru och två barn. Vi har fortfarande några av mina föräldrars målningar hängande på våra **väggar,** liksom några av mina egna verk. Jag vill tro att deras inflytande har smittat av sig på mig under åren. I morse var jag ute och promenerade längs kanalen och beundrade landskapet som jag alltid gör. Solen hade precis börjat gå upp, och ljuset sken på ett **vackert** sätt från vattnet.

Jag såg några ankor simma förbi och stannade för att titta på dem en stund. Plötsligt hörde jag någon ropa mitt namn. Det lät som min **fru,** så jag vände mig om, och visst sprang hon mot mig med ett stort leende på läpparna. Hon sa att hon hade letat överallt efter mig eftersom vi skulle träffa några vänner på frukost. Jag skrattade och sa till henne att hon borde ha vetat var hon skulle hitta mig - det här är trots allt min favoritplats i Amsterdam. Efter **frukosten** gick vi runt på stan en

weten waar ze me kon vinden - dit is tenslotte mijn favoriete plek in Amsterdam. Na **het ontbijt** hebben we nog wat door de stad gewandeld en **gewinkeld**. Mijn vrouw kocht een nieuwe jurk en ik een paar nieuwe schoenen. We kwamen onze vrienden van het ontbijt op de markt tegen, en ze nodigden ons uit om die avond wat te gaan drinken. We hebben heerlijk gekletst en gelachen bij de **cocktails**, en voor we het wisten was het middernacht. We namen afscheid en gingen door de rustige straten van Amsterdam naar huis. Het is hier altijd zo vredig 's nachts. Plotseling hoorde ik geschreeuw uit een van de grachten komen. We haastten ons om te kijken wat er aan de hand was, en we zagen twee mannen ruzie met elkaar maken. Een van hen duwde de ander in het **water**.

Zonder na te denken sprong ik achter hem aan het kanaal in. Het **koude** water benam me de adem, maar ik slaagde erin de man vast te grijpen en hem in veiligheid te trekken. Zijn vriend stond daar nog steeds in shock, en ik zei hem om hulp te bellen. Binnen een paar minuten was de **politie** gearriveerd, en ze namen verklaringen op van alle betrokkenen. Het bleek dat de man die in de gracht was gevallen een toerist uit Amerika was, en hij was erg dankbaar dat ik zijn leven had gered. Hij zei dat hij Amsterdam of mij nooit zou vergeten. Nadat de **opwinding was weggeëbd**, gingen we allemaal naar huis en naar bed.

stund och **shoppade** lite. Min fru köpte en ny klänning och jag köpte ett par nya skor. Vi stötte på våra vänner från frukosten på marknaden och de bjöd oss på drinkar på kvällen. Vi hade en trevlig tid med att prata och skratta över **cocktails,** och innan vi visste ordet av var det midnatt. Vi tog farväl och tog oss hem genom Amsterdams lugna gator. Det är alltid så fridfullt här på natten. Plötsligt hörde jag rop från en av kanalerna. Vi skyndade oss dit för att se vad som pågick, och vi såg två män som grälade med varandra. En av dem knuffade ner den andra i **vattnet**.

Utan att tänka hoppade jag i kanalen efter honom. Det **kalla** vattnet tog andan ur mig, men jag lyckades ta tag i mannen och dra honom i säkerhet. Hans vän stod fortfarande där i chock och jag sa åt honom att ringa efter hjälp. Inom några minuter hade **polisen** anlänt och tog emot vittnesmål från alla inblandade. Det visade sig att mannen som föll i kanalen var en turist från Amerika, och han var mycket tacksam för att jag hade räddat hans liv. Han sa att han aldrig skulle glömma Amsterdam eller mig. När **spänningen** hade lagt sig gick vi alla hem och gick till sängs.

Begrip vragen

1. Wat is de favoriete plek van de auteur in Amsterdam?

2. Wat heeft de vrouw van de schrijver op de markt gekocht?

3. Hoe laat gingen de schrijver en zijn vrouw naar huis?

4. Waarover ging de ruzie tussen de twee mannen?

5. Hoe voelde de schrijver zich nadat hij het leven van de man had gered?

6. Waardoor realiseerde de auteur zich hoe belangrijk het is om je altijd bewust te zijn van je omgeving?

7. Waar kwamen de ouders van de auteur vandaan?

8. Wat doet de auteur voor de kost?

9. Welk seizoen was het in Amsterdam toen het verhaal zich afspeelde?

10. Wat vindt de schrijver van zijn stad?

Frågor om förståelse

1. Vilken är författarens favoritplats i Amsterdam?

2. Vad köpte författarens fru på marknaden?

3. Vilken tid gick författaren och hans fru hem?

4. Vad handlade grälet mellan de två männen om?

5. Hur kände sig författaren efter att han hade räddat mannens liv?

6. Vad fick författaren att inse hur viktigt det är att alltid vara medveten om sin omgivning?

7. Var kommer författarens föräldrar ifrån?

8. Vad arbetar författaren med?

9. Vilken årstid var det i Amsterdam när berättelsen utspelade sig?

10. Vad tycker författaren om sin stad?

Houten Schoenen

De vrouw van de schoenmaker zat aan haar **keukentafel** een paar klompen te repareren. Het was een rustige dag, en ze had niets anders te doen. Ze dacht aan haar man, in de werkplaats, bezig met zijn laatste creatie. Ze glimlachte in zichzelf, terwijl ze zich herinnerde hoe ze elkaar hadden ontmoet. Ze had over het marktplein gelopen toen ze hem voor het eerst had gezien. Hij verkocht zijn waren in een klein kraampje, en zij voelde zich meteen aangetrokken tot zijn vakmanschap. Ze knoopten een **gesprek aan** en al snel merkten ze dat ze een liefde voor houtbewerking deelden. Kort daarop trouwden ze en begonnen samen een eigen bedrijf in het maken van klompen. Jaren later draaiden ze nog steeds **goed**. De vrouw van de schoenmaker was klaar met het maken van de schoen en stond op om haar rug te strekken. Terwijl ze dat deed, zag ze iets buiten het **raam**. Er liep een man op straat, met een paar **klompen aan**.

Zoiets had ze nog nooit gezien! Geïntrigeerd ging ze naar de deur en riep naar hem. Hij kwam naar haar toe en ze begonnen te praten. Hij vertelde haar dat hij uit een klein **dorpje** in Nederland kwam waar iedereen klompen droeg. Hij zei dat ze heel comfortabel waren en je voeten warm hielden in de **winter**. De vrouw

Träskor

Skomakarens fru satt vid sitt köksbord och lagade ett par träskor. Det var en lugn dag och hon hade inget annat att göra. Hon tänkte på sin man som var ute i verkstaden och hamrade på sin senaste skapelse. Hon log för sig själv och kom ihåg hur de hade träffats. Hon hade gått på torget när hon såg honom för första gången. Han sålde sina varor från ett litet stånd och hon drogs genast till hans hantverk. De inledde ett **samtal** och insåg snart att de delade kärleken till träslöjd. De gifte sig kort därefter och startade sitt eget företag där de tillverkade träskor tillsammans. Flera år senare var de fortfarande **framgångsrika**. Skomakarens hustru lagade skon färdigt och reste sig upp för att sträcka på ryggen. När hon gjorde det fick hon syn på något utanför **fönstret**. Det var en man som gick nerför gatan i ett par träskor.

Hon hade aldrig sett något liknande! Intresserad gick hon till dörren och ropade på honom. Han kom över och de började prata. Han berättade att han kom från en liten **by** i Nederländerna där alla bar träskor. Han sa att de var mycket bekväma och höll fötterna varma på **vintern**. Skomakarens fru var fascinerad av denna idé och frågade om hon fick prova dem. Mannen gick med på det och hjälpte henne att ta på sig skorna. De

van de schoenmaker was gefascineerd door dit idee en vroeg of zij ze mocht passen. De man stemde toe en hielp haar de schoenen aan te trekken. Ze pasten perfect! Ze liep een paar stappen rond haar tuin om aan de schoenen te wennen. Plotseling besefte ze dat ze zelf ook een **paar** wilde. Ze bedankte de man voor zijn hulp en haastte zich naar de **werkplaats** om haar man te vertellen wat ze had gezien. Hij was net klaar met zijn werk voor die dag, maar toen hij het opgewonden verhaal van zijn vrouw hoorde, stemde hij ermee in om meteen een paar **klompen** voor haar te maken. Terwijl hij werkte, zat zij aan de keukentafel en **droomde** van alle plaatsen waar ze met haar nieuwe schoenen naar toe zou gaan.

De volgende dag ging de vrouw van de schoenmaker **wandelen** met haar nieuwe schoenen aan. Ze had het gevoel dat ze op lucht liep! Overal waar ze kwam, staarden de mensen naar haar **ongewone** schoeisel. Maar dat vond ze niet erg; ze had er te veel plezier in om de wereld te ontdekken op haar klompen. De vrouw van de schoenmaker bleef haar klompen nog vele jaren dragen, lang nadat haar man was overleden. Ze werden haar **handelsmerk**, en ze stond wijd en zijd bekend als de vrouw met de klompen. Ze kreeg er nooit genoeg van en deed niets liever dan wandelen in haar geliefde klompen. Op een dag, toen ze aan het wandelen was, ontmoette ze een jonge vrouw die ook klompen droeg.

passade perfekt! Hon tog några steg runt på gården och vänjde sig vid känslan av dem. Plötsligt insåg hon att hon ville ha ett **par** egna. Hon tackade mannen för hjälpen och rusade in i **verkstaden för att** berätta för sin man vad hon hade sett. Han höll just på att avsluta sitt arbete för dagen, men när han hörde sin frus spännande berättelse gick han med på att göra ett par **träskor åt** henne på en gång. Medan han arbetade satt hon vid köksbordet och **drömde** om alla platser hon skulle gå till i sina nya skor.

Nästa dag gick skomakarens fru ut på en **promenad** i sina nya skor. Det kändes som om hon gick på luft! Överallt där hon gick stannade folk och stirrade på hennes **ovanliga** skor. Men hon brydde sig inte om det; hon hade för roligt att utforska världen i sina träskor. Skomakarens fru fortsatte att bära sina träskor i många år, långt efter att hennes man hade gått bort. De blev hennes **varumärke,** och hon blev känd vida omkring som kvinnan med träskorna. Hon tröttnade aldrig på dem och älskade inget mer än att ta en promenad i sina älskade skor. En dag när hon var ute och gick träffade hon en ung kvinna som också bar träskor.

Begrip vragen

1. Wat deed de vrouw van de schoenmaker toen ze aan haar man dacht?

2. Wat deed de vrouw van de schoenmaker toen ze de man op klompen over straat zag lopen?

3. Wat zei de man uit Nederland tegen de vrouw van de schoenmaker over klompen?

4. Hoe voelde de vrouw van de schoenmaker zich toen ze ging wandelen in haar nieuwe schoenen?

5. Waarom was de vrouw van de schoenmaker wijd en zijd bekend als de vrouw met de klompen?

6. Wat deed de vrouw van de schoenmaker toen ze de jonge vrouw met de klompen tegenkwam?

7. Waar droomde de jonge vrouw van toen ze luisterde naar de vrouw van de schoenmaker?

8. Hoe voelde de vrouw van de schoenmaker zich over haar klompen?

9. Wat deed de vrouw van de schoenmaker elke dag?

10. Waar ging de vrouw van de schoenmaker heen toen ze op haar klompen liep?

Frågor om förståelse

1. Vad gjorde skomakarens fru när hon tänkte på sin man?

2. Vad gjorde skomakarens fru när hon såg mannen gå nerför gatan i träskor?

3. Vad berättade mannen från Nederländerna för skomakarens fru om träskor?

4. Hur kände sig skomakarens fru när hon gick en promenad i sina nya skor?

5. Varför var skomakarens hustru känd i hela världen som kvinnan med träskorna?

6. Vad gjorde skomakarens fru när hon mötte den unga kvinnan som bar träskor?

7. Vad drömde den unga kvinnan om när hon lyssnade på skomakarens fru?

8. Hur kände sig skomakarens hustru till sina träskor?

9. Vad gjorde skomakarens fru varje dag?

10. Vart tog skomakarens fru vägen när hon var ute och gick i sina träskor?

Fietsen

De eerste keer dat ik ging **fietsen**, was ik acht jaar oud. Mijn vader nam me mee op een zondagochtend en liet me zien hoe ik moest fietsen. Het was zo leuk! Daarna ben ik bij elke kans die ik kreeg gaan fietsen. Nu, achttien jaar oud, is fietsen mijn **favoriete** hobby. Als ik tijd heb, ben ik altijd op de weg te vinden om nieuwe routes te ontdekken en te genieten van de frisse lucht. Fietsen heeft me in de loop der jaren zoveel plezier gebracht - het is een geweldige manier om actief te blijven en mijn hoofd leeg te maken. En er gaat niets boven het gevoel van **voldoening** na het voltooien van een lange rit. Vorige week was ik aan het fietsen op mijn favoriete route toen ik een lekke **band kreeg**. Ik was ongeveer halverwege de rit en ik kon met geen mogelijkheid terug naar huis fietsen zonder eerst mijn band te repareren. Gelukkig herinnerde ik me dat ik niet ver van het pad een fietsenwinkel zag.

Ik fietste zo snel als ik kon naar de winkel, en gelukkig waren ze open! De monteur repareerde mijn band snel en gaf me zelfs wat tips om een lekke band in de toekomst te voorkomen. Het kostte me wat geld, maar het was het waard - nu kan ik weer de **weg op** en genieten. Ik fiets nu al een paar jaar en ik heb veel over de sport geleerd. Een van de belangrijkste dingen die ik heb geleerd is dat het altijd **belangrijk is** om

Cykling

Första gången jag **cyklade** var jag åtta år gammal. Min pappa tog med mig ut en söndagsmorgon och visade mig hur man cyklar. Det var så roligt! Efter det cyklade jag varje gång jag fick chansen. Nu, vid arton års ålder, är cykling min favorithobby. Närhelst jag har fritid kan du hitta mig ute på den öppna vägen, där jag utforskar nya stigar och njuter av den friska luften. Cykling har gett mig så mycket glädje under årens lopp - det är ett bra sätt att hålla sig aktiv och rensa huvudet. Dessutom finns det inget som är bättre än känslan av **prestation** efter en lång cykeltur. Jag var ute och cyklade på min favoritled förra veckan när jag fick **punktering**. Jag var ungefär halvvägs genom turen och det fanns inget sätt för mig att ta mig hem utan att laga däcket först. Som tur var kom jag ihåg att jag såg en cykelaffär inte alltför långt från leden.

Jag trampade så fort jag kunde till butiken och som tur var hade de öppet! Mekanikern lagade mitt däck snabbt och gav mig till och med några tips om hur jag kan undvika punkteringar i framtiden. Det kostade mig lite pengar, men det var värt det - nu kan jag återigen ge mig ut på **leden** och njuta av det igen. Jag har cyklat i några år nu och har lärt mig mycket om sporten. En av de viktigaste sakerna jag har lärt mig är att det alltid är **viktigt att** vara förberedd. Därför ser jag till

voorbereid te zijn. Daarom controleer ik voor elke rit mijn fiets grondig en neem ik alles mee wat ik nodig heb: water, snacks, een reserveband, enz. Vorige week maakte ik een ritje dat langer duurde dan normaal en vergat ik genoeg water in te pakken. Ongeveer **halverwege** de rit begon ik echt dorst te krijgen en wist ik dat ik snel wat water moest vinden. Gelukkig was er een supermarkt niet al te ver van het pad. Maar toen ik daar aankwam, hadden ze geen flessenwater meer! Gelukkig hadden ze wel **sportdrankjes** op voorraad, zodat ik de rest van de rit zonder problemen kon doorkomen.

Fietsen is zo'n belangrijk deel van mijn leven geworden - het is iets dat me elke dag weer vreugde brengt. Het maakt niet uit in wat voor **stemming** ik ben als ik begin met fietsen, aan het eind van mijn rit voel ik me altijd beter. Soms, als het weer niet geweldig is of als ik een slechte dag heb, kan gewoon op mijn fiets stappen en een ritje gaan maken mijn **kijk op de dingen** volledig veranderen. Op dagen dat ik langere ritten maak of nieuwe routes ontdek, is er niets beter dan het gevoel van voldoening en trots dat ik voel als ik ze **tot een goed einde breng**. Fietsen is echt een van mijn favoriete dingen in het leven geworden - het helpt me actief en gezond te blijven terwijl het me ook in staat stelt de wereld om me heen te verkennen. Ik had nooit gedacht dat fietsen zo'n groot deel van mijn leven zou worden.

att före varje cykeltur kontrollera min cykel grundligt och packa allt det nödvändigaste - vatten, snacks, en reservdäcksslang osv. Förra veckan åkte jag på en längre tur än vanligt och glömde att packa tillräckligt med vatten. Ungefär **halvvägs** in i cykelturen började jag känna mig riktigt törstig och visste att jag måste hitta vatten snart. Som tur var fanns det en närbutik inte alltför långt från leden. Men när jag kom dit hade de slut på flaskvatten! Som tur var hade de några sportdrycker i lager, vilket hjälpte mig att klara resten av min tur utan problem.

Cykling har blivit en så viktig del av mitt liv - det är något som ger mig glädje varje dag. Oavsett vilket **humör** jag är på när jag börjar cykla, känner jag mig alltid bättre i slutet av min resa. Ibland, när vädret är dåligt eller om jag har en dålig dag, kan det räcka med att sätta sig på cykeln och ta en tur för att förändra mitt **synsätt** helt och hållet. De dagar då jag tar längre turer eller ger mig ut på nya stigar finns det inget som liknar känslan av prestation och stolthet som jag känner när jag klarar av dem **framgångsrikt**. Cykling har verkligen blivit en av mina favoritsaker i livet - den hjälper mig att hålla mig aktiv och frisk samtidigt som den låter mig utforska världen runt omkring mig. Jag skulle aldrig ha gissat att cykling skulle bli en så stor del av mitt liv.

Begrip vragen

1. Wat deed de schrijver toen hij een lekke band kreeg op zijn fiets?

2. Wat doet de auteur voor elke fietstocht?

3. Wat zegt de auteur over hoe fietsen hen doet voelen?

4. Wat deed de auteur toen ze dorst kregen tijdens hun fietstocht?

5. Wat zegt de auteur over zijn favoriete ding aan fietsen?

6. Wat zegt de auteur over de eerste keer dat ze gingen fietsen?

7. Wat zegt de auteur over hoe fietsen een deel van hun leven is geworden?

8. Wat zegt de auteur over het weer en het effect daarvan op hun stemming?

9. Wat zegt de auteur over langere fietstochten?

10. Wat zegt de auteur over het verkennen van nieuwe paden?

Frågor om förståelse

1. Vad gjorde författaren när de fick punktering på sin cykel?

2. Vad gör författaren före varje cykeltur?

3. Vad säger författaren om hur cykling får dem att känna sig?

4. Vad gjorde författaren när de blev törstiga under cykelturen?

5. Vad säger författaren om vad han eller hon tycker är det bästa med cykling?

6. Vad säger författaren om första gången de cyklade?

7. Vad säger författaren om hur cykling har blivit en del av deras liv?

8. Vad säger författaren om vädret och dess inverkan på deras humör?

9. Vad säger författaren om längre cykelturer?

10. Vad säger författaren om att utforska nya vägar?

Sint-Janskathedraal

De zon begon net over de horizon te komen en wierp een roze en oranje gloed over de hemel. De vogels zongen en de bloemen **bloeiden alsof** het een andere dag was. Maar het was niet als elke andere dag. Vandaag was speciaal. Het was de dag dat John tot priester zou worden gewijd. Hij kon het nauwelijks geloven toen hij zijn **toga aantrok** en op weg ging naar de Sint-Janskathedraal. Hij had er altijd van gedroomd priester te worden, maar nooit gedacht dat het echt zou gebeuren. Toen hij de **kathedraal** binnenkwam, voelde hij een gevoel van vrede over zich heen spoelen. Dit was waar hij thuishoorde. De ceremonie ging in een waas voorbij, en voor hij het wist, was John officieel priester! Hij kon niet blijer zijn geweest toen hij weer in het **zonlicht** stapte, zijn nieuwe leven voor zich vol hoop en belofte. Toen John aan zijn nieuwe leven als **priester** begon, besefte hij al snel dat het niet altijd makkelijk was.

Er waren dagen dat hij voelde dat hij faalde en andere dagen dat hij twijfelde aan zijn **geloof**. Maar ondanks alles bleef de Sint-Janskathedraal een constante bron van kracht en troost voor hem. Voor welke uitdagingen hij ook kwam te staan, de **kathedraal** leek altijd een gevoel van vrede en rust te bieden. Het was alsof God

Saint John’s katedral

Solen hade precis börjat titta över horisonten och kastade ett rosa och orange sken över himlen. Fåglarna sjöng och blommorna **blommade som om det vore** vilken dag som helst. Men det var inte som vilken annan dag som helst. Idag var speciell. Det var dagen då John skulle vigas till präst. Han kunde knappt tro det när han tog på sig sina **kläder och begav** sig till Saint John’s Cathedral. Han hade alltid drömt om att bli präst men aldrig trott att det faktiskt skulle hända. När han gick in i **katedralen** kände han en känsla av frid över sig. Det var här han hörde hemma. Ceremonin gick i ett svep och innan han visste ordet av var John officiellt präst! Han kunde inte ha varit mer glad när han återigen klev ut i **solljuset, med** sitt nya liv framför sig fullt av hopp och löften. När John började sitt nya liv som **präst** insåg han snabbt att det inte alltid var lätt.

Det fanns dagar då han kände att han misslyckades och andra då han ifrågasatte sin **tro**. Men genom allt detta förblev Saint John’s Cathedral en ständig källa till styrka och tröst för honom. Oavsett vilka utmaningar han ställdes inför verkade **katedralen** alltid erbjuda en känsla av frid och lugn. Det var som om Gud själv var närvarande i dessa heliga väggar. Varje gång John gick in i katedralen kände han att hans närvaro fyllde honom

zelf aanwezig was binnen die gewijde muren. Telkens als John de kathedraal binnenging, voelde hij dat Zijn aanwezigheid hem vervulde met hoop en moed. De jaren gingen voorbij, en John bleef trouw in de Sint-Janskathedraal dienen. Hij had door de jaren heen veel veranderingen gezien, maar één ding bleef hetzelfde: de **kracht** van Gods liefde die binnen die **heilige** muren te voelen was. Op een dag kreeg John verwoestend nieuws.

Zijn beste jeugdvriend was **gediagnosticeerd** met kanker en had nog maar een paar maanden te leven. John was er kapot van. Hij had het gevoel dat hij zijn vriend in de steek had gelaten door hem niet te kunnen redden. Hij wendde zich tot de enige plek die hem altijd **troost** bood: Saint John's Cathedral. Toen hij de vertrouwde ruimte binnenkwam, voelde hij zich onmiddellijk **rustiger**. Hij knielde neer voor het altaar en bad voor zijn vriend, God smekend hem kracht en vrede te geven in deze moeilijke tijd. Toen hij de kathedraal verliet, voelde John zich alsof er een last van zijn schouders was gevallen. Hij wist dat, wat er ook gebeurde, God bij hem was en hem en zijn vrienden nooit in de steek zou laten in hun tijd van nood. Een paar weken later kreeg John een telefoontje van zijn vriend. Hij was verbaasd hem zo **opgewekt** en blij te horen klinken, gezien het nieuws dat hij had gekregen.

med hopp och mod. Åren gick och John fortsatte att tjäna troget vid Saint John's Cathedral. Han hade sett många förändringar under åren, men en sak förblev densamma: **kraften** i Guds kärlek som kunde kännas inom dessa **heliga** väggar. En dag fick John förödande nyheter.

Hans bästa vän från barndomen hade fått **diagnosen** cancer och bara några månader kvar att leva. John var förkrossad. Det kändes som om han hade svikit sin vän genom att inte kunna rädda honom. Han vände sig till den enda plats som alltid erbjöd honom **tröst**: Saint John's Cathedral. När han gick in i det välbekanta rummet kände han sig genast **lugnare**. Han knäböjde framför altaret och bad för sin vän och bad Gud att ge honom styrka och frid i denna svåra tid. När han lämnade katedralen kändes det som om en vikt hade lyfts från hans axlar. Han visste att oavsett vad som hände var Gud med honom och att han aldrig skulle överge honom eller hans vänner i deras tid av nöd. Några veckor senare fick John ett samtal från sin vän. Han blev förvånad över att höra honom låta så **uppåt** och glad med tanke på de nyheter han hade fått.

Begrip vragen

1. Wat was de naam van de kathedraal?

2. Wat deed Johannes toen hij het nieuws over zijn vriend vernam?

3. Wat zei John's vriend over de Sint-Janskathedraal?

4. Hoe voelde Johannes zich toen hij tot priester werd gewijd?

5. Wat voelde Johannes toen hij voor de eerste keer de kathedraal binnenkwam?

6. Wat was het enige dat hetzelfde bleef door de jaren heen?

7. Wat was het verwoestende nieuws dat Johannes kreeg?

8. Hoe voelde John zich nadat hij de kathedraal verliet?

9. Waar bad Johannes voor?

10. Wat was de afloop van het verhaal?

Frågor om förståelse

1. Vad hette katedralen?

2. Vad gjorde Johannes när han fick höra nyheten om sin vän?

3. Vad sa Johns vän om Saint John’s Cathedral?

4. Hur kände Johannes sig när han blev prästvigd?

5. Vad kände Johannes när han gick in i katedralen för första gången?

6. Vad var det som förblev detsamma under alla år?

7. Vilka var de förödande nyheterna som Johannes fick?

8. Hur kände sig Johannes när han lämnade katedralen?

9. Vad bad Johannes om?

10. Vad blev resultatet av berättelsen?

Vincent Van Gogh

De zon ging onder aan de hemel en Vincent Van Gogh voelde de koele **bries** door zijn haar waaien. Hij had de hele dag geschilderd en was uitgeput. Maar hij kon het niet helpen een gevoel van vreugde te krijgen toen hij naar zijn laatste **creatie keek**. De kleuren waren zo levendig en levendig, net zoals hij zich van binnen voelde. Hij wist dat sommige mensen zijn kunst niet begrepen. Ze vonden het te vreemd, te anders. Maar dat maakte hem niet uit. Hij hield van wat hij deed, en dat was het enige dat telde. Terwijl hij zijn **spullen pakte** om terug te gaan naar zijn huis, kon hij niet anders dan glimlachen. Hij mag dan nog niet beroemd zijn, maar op een dag zullen de mensen zijn kunst waarderen voor wat het waard is. En tot dan, zou hij blijven **schilderen** vanuit het diepst van zijn ziel. Het was een paar maanden geleden dat Vincent dat schilderij had voltooid, en hij was al bezig met een nieuw. Hij was altijd zo geïnspireerd door de wereld om hem heen, en hij deed niets liever dan zijn gevoelens uitdrukken in zijn kunst. Sommige dagen waren **moeilijker** dan andere. Er waren momenten dat hij aan zichzelf twijfelde, dat hij zich afvroeg of wat hij deed **er wel toe deed**.

Maar dan keek hij naar zijn schilderijen en wist hij dat

Vincent Van Gogh

Solen höll på att gå ner på himlen och Vincent Van Gogh kände hur den svala **brisen** blåste genom hans hår. Han hade målat hela dagen och var utmattad. Men han kunde inte låta bli att känna en känsla av glädje när han tittade på sin senaste **skapelse**. Färgerna var så livfulla och levande, precis som hur han kände sig inombords. Han visste att vissa människor inte förstod hans konst. De tyckte att den var för konstig, för annorlunda. Men det spelade ingen roll för honom. Han älskade det han gjorde och det var det enda som spelade någon roll. När han packade ihop sina **förnödenheter** för att åka tillbaka till sitt hem kunde han inte låta bli att le. Han kanske inte är berömd än, men en dag kommer folk att uppskatta hans konst för vad den är värd. Och tills dess skulle han fortsätta att **måla** från djupet av sin själ. Det hade gått några månader sedan Vincent hade avslutat den målningen och han arbetade redan på en ny. Han var alltid så inspirerad av världen omkring honom, och han älskade inget mer än att uttrycka sina känslor genom sin konst. Vissa dagar var **svårare** än andra. Det fanns tillfällen då han tvivlade på sig själv, då han undrade om det han gjorde ens **betydde något**.

Men sedan tittade han på sina målningar och visste att

het er wel degelijk toe deed. Zijn **kunst** was een deel van hem, en zolang hij bleef creëren, deed niets anders er toe. Hij was diep in gedachten terwijl hij aan zijn laatste schilderij werkte, toen er plotseling op de deur werd geklopt. Hij verwachtte niemand, maar misschien was het een van zijn vrienden die kwam kijken hoe het met hem ging. Hij legde zijn **penseel neer** en ging naar de deur om te antwoorden. Zodra hij de deur opende, wist Vincent dat er iets mis was. Hij kon de angst in de **ogen** zien van de man die voor hem stond. En toen hoorde hij het geweerschot en voelde de pijn in zijn borst. Hij strompelde achteruit en greep vol ongeloof naar zijn **wond**. Dit kon niet gebeuren. Niet met hem. Maar het was maar al te echt, en hij voelde zich met de seconde zwakker worden. Het laatste wat hij zag voordat alles zwart werd, was de man die wegliep in de nacht. Vincent ontwaakte bij het geluid van vogels die buiten zijn raam tsjilpten. Het kostte hem even om zich te herinneren wat er was gebeurd, en toen sloeg de **pijn** hem als een ton bakstenen.

det spelade roll. Hans **konst** var en del av honom, och så länge han fortsatte att skapa var allt annat oviktigt. Han var djupt försjunken i tankar medan han arbetade med sin senaste målning när det plötsligt knackade på dörren. Han hade inte väntat sig någon, men kanske var det en av hans vänner som kom för att titta till honom. Han lade ner sin **pensel** och gick för att öppna dörren. Så fort han öppnade dörren visste Vincent att något var fel. Han kunde se rädslan i **ögonen på** mannen som stod framför honom. Sedan hörde han skottet och kände smärtan i bröstet. Han snubblade baklänges och klämde sig mot sitt **sår** i misstro. Detta kunde inte hända. Inte med honom. Men det var allt för verkligt och han kände hur han blev svagare för varje sekund. Det sista han såg innan allt blev svart var mannen som sprang iväg ut i natten. Vincent vaknade till ljudet av fågelkvitter utanför sitt fönster. Det tog honom ett ögonblick att minnas vad som hade hänt, och sedan slog **smärtan till** som ett ton tegelstenar.

Begrip vragen

1. Wat was het laatste wat Vincent zag voor hij stierf?

2. Hoe voelde Vincent zich over zijn kunst?

3. Wat deed Vincent toen hij de klop op de deur hoorde?

4. Wat denk je dat de betekenis is van Vincent's laatste schilderij?

5. Hoe denk je dat Vincent's vrienden zouden reageren op zijn dood?

6. Wat denk je dat de wereld zal denken van Vincent's kunst als hij er niet meer is?

7. Wat zou Vincent zeggen tegen iemand die zijn kunst niet begrijpt?

8. Wat denk je dat Vincent probeerde uit te drukken met zijn kunst?

9. Wat denk je dat het belangrijkste was voor Vincent?

10. Wat denk je dat Vincent's nalatenschap zal zijn?

Frågor om förståelse

1. Vad var det sista Vincent såg innan han dog?

2. Hur kände Vincent för sin konst?

3. Vad gjorde Vincent när han hörde att det knackade på dörren?

4. Vad tror du att Vincents sista målning betyder?

5. Hur tror du att Vincents vänner skulle reagera på hans död?

6. Vad tror du att världen kommer att tycka om Vincents konst när han är borta?

7. Vad skulle Vincent säga till någon som inte förstår hans konst?

8. Vad tror du att Vincent försökte uttrycka genom sin konst?

9. Vad tror du var det viktigaste för Vincent?

10. Vad tror du att Vincents arv kommer att bli?

Bier

Het was een donkere en **stormachtige** nacht. Phillip was naar de bar geweest met zijn vrienden, om zijn ex-vriendin te vergeten. Hij had een paar biertjes te veel op en voelde zich best goed toen hij de bar verliet. Maar nu, in de **regen** naar huis lopend, voelde hij zich niet zo geweldig. Zijn hoofd tolde en hij kon nauwelijks zien waar hij heen ging. Plotseling gleed hij uit op een nat stuk trottoir en viel hard op zijn zij. "Auw!" riep hij uit terwijl de pijn door zijn lichaam schoot. Hij probeerde op te staan, maar voelde zich **duizelig** en wankel op zijn voeten. "Help!" riep hij zwakjes in de duisternis, maar er was niemand in de buurt om hem te horen. Phillip lag op de grond en probeerde op adem te komen. Hij had veel pijn en wist dat hij moest opstaan om hulp te zoeken. Maar elke keer als hij het probeerde, voelde hij zich duizelig en **misselijk** en moest hij weer gaan liggen. Hij werd koud en nat van de regen, maar hij had de **energie niet** om zich te bewegen.

Plotseling hoorde hij voetstappen naderen en iemand zijn naam roepen. Het was zijn buurvrouw, mevrouw Saunders. "Oh godzijdank!" **riep** Phillip zwakjes uit toen ze in zicht kwam. "Ik ben gevallen en ik kan niet opstaan." Mevrouw Saunders hielp Phillip in haar huis en zette hem bij het vuur om op te warmen. Ze

Öl

Det var en mörk och **stormig** natt. Phillip hade varit ute på baren med sina kompisar och försökt glömma sin före detta flickvän. Han hade druckit några öl för mycket och kände sig ganska bra när han lämnade baren. Men nu, när han gick hem i **regnet,** kände han sig inte så bra. Hans huvud snurrade och han kunde knappt se vart han gick. Plötsligt halkade han på en våt bit av trottoaren och föll hårt på sidan. "Aj!" utropade han när smärtan sköt genom kroppen. Han försökte resa sig upp men kände sig **yr** och osäker på fötterna. "Hjälp!" ropade han svagt i mörkret, men det fanns ingen som hörde honom. Phillip låg på marken och försökte hämta andan. Han hade mycket ont och visste att han behövde resa sig upp och hitta hjälp. Men varje gång han försökte kände han sig yr och **illamående och var** tvungen att lägga sig ner igen. Han blev kall och våt av regnet, men han hade ingen **energi att** röra sig.

Plötsligt hörde han fotsteg som närmade sig och någon som ropade hans namn. Det var hans granne, fru Saunders. "Tack och lov!" Phillip **utropade** svagt när hon kom in i bilden. "Jag har ramlat och kan inte komma upp." Mrs Saunders hjälpte Phillip in i sitt hus och satte honom vid brasan för att värma sig. Hon gav honom en **filt** och några aspirin mot smärtan innan hon

gaf hem een **deken** en wat aspirine tegen de pijn en zette een kopje thee voor hem. “Wat deed je buiten in dit weer?” vroeg ze scheldend terwijl ze hem de mok hete **thee overhandigde**. “Ik was aan de bar met mijn vrienden,” antwoordde Phillip schaapachtig. “En je hebt gedronken!” zei mevrouw Saunders **afkeurend** toen ze bier in zijn adem rook. “Gewoon een paar biertjes,” zei Phillip defensief. “Wel, dat is genoeg voor één nacht,” zei mevrouw Saunders streng terwijl ze hem naar boven hielp om naar bed te gaan. Phillip werd de volgende ochtend wakker met een bonzende **hoofdpijn**.

Hij voelde zich alsof hij door een **vrachtwagen was** aangereden. Hij ging langzaam rechtop zitten, probeerde geen plotse bewegingen te maken en keek de kamer rond. Hij was in de logeerkamer van mevrouw Saunders en herinnerde zich plotseling wat er de vorige avond was gebeurd. Hij stapte behoedzaam uit **bed** en liep naar beneden, waar mevrouw Saunders het ontbijt klaarmaakte. “Goedemorgen,” zei ze opgewekt terwijl ze hem een kop **koffie** aanreikte. “Goedemorgen,” mompelde Phillip slaperig terwijl hij de mok aannam. “Hoe voel je je?” vroeg mevrouw Saunders bezorgd. “Alsof ik door een vrachtwagen ben aangereden,” antwoordde Phillip naar waarheid. Nou, je bent nogal gevallen vannacht,” zei mevrouw Saunders **begripvol**. “Het spijt me dat ik zoveel problemen veroorzaak,’ verontschuldigde Phillip zich schaapachtig.

gjorde en kopp te åt honom. "Vad gjorde du ute i det här vädret?" frågade hon skällande när hon gav honom muggen med det varma **teet**. "Jag var i baren med mina kompisar", svarade Phillip fåfängt. "Och du har druckit!" Mrs Saunders sade **missgynnande** när hon kände lukten av öl i hans andedräkt. "Bara några öl", sa Phillip defensivt. "Det räcker för en kväll", sa fru Saunders strängt och hjälpte honom upp i sängen. Phillip vaknade nästa morgon med en bultande **huvudvärk**.

Det kändes som om han hade blivit påkörd av en **lastbil**. Han satte sig långsamt upp, försökte att inte göra några plötsliga rörelser och såg sig omkring i rummet. Han befann sig i mrs Saunders gästrum och kom plötsligt ihåg vad som hade hänt kvällen innan. Han steg försiktigt ur **sängen** och tog sig ner för trappan, där han hittade mrs Saunders som lagade frukost. "God morgon", sa hon glatt och räckte honom en kopp **kaffe**. "God morgon", mumlade Phillip groggy när han tog emot muggen. "Hur mår du?" Fru Saunders frågade bekymrat. "Som om jag blivit påkörd av en lastbil", svarade Phillip sanningsenligt. Ja, du föll ju rejält igår kväll," sa mrs Saunders **medkännande**. "Jag är ledsen för att jag orsakade så mycket problem", bad Phillip fåfängt om ursäkt.

Begrip vragen

1. Wat was Phillip's gemoedstoestand toen hij de bar verliet?

2. Hoe voelde Phillip zich toen hij probeerde op te staan nadat hij gevallen was?

3. Wat deed Phillip toen hij voetstappen hoorde naderen?

4. Waarom schold Mrs Saunders tegen Phillip?

5. Hoe voelde Phillip zich toen hij de volgende ochtend wakker werd?

6. Wat zei Mrs Saunders tegen Phillip toen hij wakker werd?

7. Waarvoor verontschuldigde Phillip zich bij Mrs Saunders?

8. Waarom zei Mrs Saunders tegen Phillip dat hij van het bier moest afblijven?

9. Wat was Phillip's antwoord aan Mrs Saunders?

10. Wat was het laatste advies van Mrs Saunders aan Phillip?

Frågor om förståelse

1. Vad var Phillips sinnestillstånd när han lämnade baren?

2. Hur kände sig Phillip när han försökte resa sig upp efter att ha ramlat?

3. Vad gjorde Filip när han hörde fotsteg närma sig?

4. Varför skällde fru Saunders ut Phillip?

5. Hur kände sig Phillip när han vaknade nästa morgon?

6. Vad sa fru Saunders till Phillip när han vaknade?

7. Vad bad Phillip fru Saunders om ursäkt för?

8. Varför bad mrs Saunders Phillip att sluta dricka öl?

9. Vad var Phillips svar till fru Saunders?

10. Vad var fru Saunders sista råd till Phillip?

Delfts Blauw

De eerste keer dat ik Delfts blauw zag, was tijdens een reis met mijn gezin naar Nederland. We liepen over een markt in Amsterdam toen ik het zag: een prachtige blauwe vaas met witte bloemen erop geschilderd. Ik smeekte mijn **ouders** om hem voor mij te kopen en uiteindelijk gaven ze toe. Die vaas werd een van mijn dierbaarste bezittingen. Elke keer als ik naar die vaas kijk, word ik teruggevoerd naar die magische dag in Amsterdam. Het is alsof ik naar een **stukje** van de hemel zelf kijk. De diepblauwe kleur is zo vredig en rustgevend, en de tere witte bloemen zijn als kleine stukjes **hemel**. Als het leven stressvol of overweldigend wordt, hoef ik alleen maar naar mijn Delfts blauwe vaas te kijken en te bedenken dat er schoonheid in deze wereld is die het waard is om voor te vechten. Ik was laatst mijn Delfts blauwe vaas aan het afstoffen toen me iets **vreemds** opviel. Er zat een kleine chip op de rand van de **vaas** die ik nog niet eerder had gezien.

Ik voelde een gevoel van verdriet, maar toen realiseerde ik me dat deze kleine onvolkomenheid mijn vaas alleen maar specialer voor me maakte. Het herinnert me eraan dat het leven breekbaar en kostbaar is, en dat we elk **moment** moeten koesteren. Die chip in mijn vaas is een van mijn favoriete dingen geworden.

Blått från Delft

Första gången jag såg Delft Blue var på en resa till Nederländerna med min familj. Vi gick genom en marknad i Amsterdam när jag fick syn på den: en vacker blå vas med vita blommor målade på den. Jag bad mina **föräldrar** att köpa den åt mig, och de gav sig till slut. Den vasen blev en av mina mest värdefulla ägodelar. Varje gång jag tittar på vasen förflyttas jag tillbaka till den magiska dagen i Amsterdam. Det är som att titta på en **bit** av själva himlen. Den djupblå färgen är så fridfull och lugnande, och de delikata vita blommorna är som små bitar av **himlen**. När livet blir stressigt eller överväldigande behöver jag bara titta på min Delft Blue-vas och komma ihåg att det finns skönhet i den här världen som är värd att kämpa för. Häromdagen dammsög jag min Delft Blue-vas när jag märkte något **märkligt**. Det fanns en liten flisa på **vasens** kant som jag inte hade sett tidigare.

Jag kände mig lite ledsen, men sedan insåg jag att denna lilla brist bara gjorde vasen mer speciell för mig. Det är som en påminnelse om att livet är ömtåligt och värdefullt och att vi bör värna om varje **ögonblick**. Det där chipet i min vas har blivit en av mina favoritsaker med den. Varje gång jag tittar på det blir jag påmind om att uppskatta allt det **goda** i mitt liv, även när det

Telkens als ik ernaar kijk, word ik eraan herinnerd dat ik al het **goede** in mijn leven moet waarderen, zelfs als het moeilijk is. Mijn Delfts blauwe vaas is meer dan alleen een mooie decoratie. Het is een symbool van hoop en schoonheid, en het herinnert me eraan dat het leven de moeite waard is. Voor welke uitdagingen ik ook sta, ik weet dat zolang ik mijn Delftsblauwe vaas heb, alles uiteindelijk goed zal komen. Ik ga verhuizen uit Amsterdam, en ik neem mijn Delftsblauwe vaas met me mee. Het is een moeilijke beslissing geweest, maar ik weet dat het tijd is voor een nieuw **avontuur**. Terwijl ik mijn spullen inpak, kan ik het niet helpen, maar ik voel me een beetje **verdrietig**.

Maar dan herinner ik me dat waar ik ook heen ga, mijn Delftsblauwe vaas altijd bij me zal zijn. En wat de toekomst ook brengt, ik zal altijd die dierbare **herinneringen** aan Amsterdam hebben om me op de been te houden. Mijn Delftsblauwe vaas is me door dik en dun bijgebleven. Hij heeft me door goede en slechte tijden heen geholpen, en hij brengt altijd een glimlach op mijn gezicht. Wat het leven me ook voor de voeten werpt, ik weet dat ik altijd op mijn trouwe Delftsblauwe vaas kan rekenen om alles beter te maken. Ik ga binnenkort **trouwen**, en ik heb besloten om mijn Delftsblauwe vaas te gebruiken als mijn “iets blauws”. Het is de perfecte manier om mijn **favoriete** ding in de wereld te verwerken in een van de meest belangrijke dagen van mijn leven.

är svårt. Min Delft Blue-vas är mer än bara en vacker dekoration. Den är en symbol för hopp och skönhet och påminner mig om att livet är värt att leva. Oavsett vilka utmaningar jag står inför vet jag att så länge jag har min Delft Blue-vas kommer allting att ordna sig i slutändan. Jag ska flytta från Amsterdam och jag tar med mig min Delft Blue-vas. Det har varit ett svårt beslut, men jag vet att det är dags för ett nytt **äventyr**. När jag packar ihop mina saker kan jag inte låta bli att känna mig lite **ledsen**.

Men sedan kommer jag ihåg att vart jag än går så kommer min blå Delft-vas alltid att vara med mig. Och oavsett vad framtiden har att erbjuda, kommer jag alltid att ha dessa värdefulla **minnen** från Amsterdam som håller mig vid liv. Min Delft Blue-vas har varit med mig i vått och torrt. Den har sett mig i goda och dåliga tider och den får mig alltid att le. Oavsett vad livet kastar på mig vet jag att jag alltid kan räkna med min pålitliga Delft Blue-vas för att göra allting bättre. Jag ska snart **gifta mig, och** jag har bestämt mig för att använda min Delft Blue-vas som mitt något blått. Det är det perfekta sättet att införliva min favoritsak i världen i en av de viktigaste dagarna i mitt liv.

Begrip vragen

1. Wat is het kostbaarste bezit van de hoofdpersoon?

2. Wat vindt de hoofdpersoon van de Delftsblauwe vaas?

3. Wat is het favoriete ding van de hoofdpersoon aan de Delftsblauwe vaas?

4. Wat vindt de hoofdpersoon van de chip in de vaas?

5. Waarvan is de Delftsblauwe vaas een symbool voor de hoofdpersoon?

6. Waarheen verhuist de hoofdpersoon?

7. Wat is het "iets blauws" van de hoofdpersoon voor hun bruiloft?

8. Wat is de favoriete herinnering van de hoofdpersoon aan Amsterdam?

9. Waaraan doet de Delftsblauwe vaas de hoofdpersoon denken?

10. Aan welke reis begint de hoofdpersoon?

Frågor om förståelse

1. Vad är huvudpersonens mest värdefulla ägodel?

2. Vad tycker huvudpersonen om den blå Delft-vasen?

3. Vad är huvudpersonens favoritsak med den blå Delft-vasen?

4. Vad tycker huvudpersonen om chipet i vasen?

5. Vad symboliserar den blå Delft-vasen för huvudpersonen?

6. Vart flyttar huvudpersonen?

7. Vad är huvudpersonens något blått till sitt bröllop?

8. Vilket är huvudpersonens favoritminne från Amsterdam?

9. Vad påminner den blå Delft-vasen om för huvudpersonen?

10. Vilken resa påbörjar huvudpersonen?

Anne Frank

Het is 1942 en Anne Frank zit met haar familie ondergedoken in een achterhuis. Ze zitten allemaal opeengepakt in een kleine kamer en proberen overdag stil te zijn zodat ze niet ontdekt worden. s Nachts kan Anne vaak niet **slapen** omdat ze denkt aan hoe het leven voor de oorlog was. Ze mist het naar school gaan en het buiten spelen met haar vrienden. Op een nacht, als ze niet kan slapen, staat Anne op en begint in haar dagboek te schrijven. Ze schrijft over haar hoop voor de toekomst en hoe ze ervan droomt om op een dag weer **vrij te** zijn. Terwijl ze schrijft, hoort ze voetstappen buiten de deur van hun schuilplaats. Er komt iemand aan! Annes hart gaat tekeer en snel verstopt ze haar dagboek onder de **vloer**. Ze weet dat als ze gepakt worden, ze allemaal naar de concentratiekampen gestuurd zullen worden. De deur gaat open en een nazi-soldaat komt de kamer binnen. Hij kijkt **argwanend** om zich heen, maar zegt niets.

Anne houdt haar adem in, biddend dat hij hen niet zal vinden. Na enkele ogenblikken vertrekt de soldaat, en Anne slaakt een zucht van verlichting. Ze weet dat ze vanaf nu voorzichtiger moeten zijn; één verkeerde beweging kan hun **dood** betekenen. Anne blijft in haar **dagboek** schrijven, ook al weet ze dat het gevaarlijk

Anne Frank

Året är 1942 och Anne Frank **gömmer sig i** en hemlig annex med sin familj. De är alla trängda i ett litet rum och försöker vara tysta under dagen för att inte bli upptäckta. På natten kan Anne ofta inte **sova** eftersom hon tänker på hur livet var före kriget. Hon saknar att gå i skolan och att kunna leka med sina vänner utomhus. En natt när hon inte kan sova går Anne upp och börjar skriva i sin dagbok. Hon skriver om sina förhoppningar inför framtiden och hur hon drömmer om att en dag vara **fri** igen. Medan hon skriver hör hon fotsteg utanför dörren till deras gömställe. Någon kommer! Annes hjärta rusar och hon gömmer snabbt sin dagbok under **golvbrädorna**. Hon vet att om de åker fast kommer de alla att skickas till koncentrationsläger. Dörren öppnas och en nazisoldat går in i rummet. Han ser sig **misstänksamt** omkring, men säger ingenting.

Anne håller andan och ber att han inte ska hitta dem. Efter en stund går soldaten och Anne suckar av lättnad. Hon vet att de måste vara mer försiktiga från och med nu; ett enda felsteg kan innebära deras **död**. Anne fortsätter att skriva i sin **dagbok trots att** hon vet att det är farligt. Hon känner att hon måste få ner sina tankar på papper, annars blir hon **galen**. Hon skriver om de andra som gömmer sig i annexet tillsammans

is. Ze heeft het gevoel dat ze haar gedachten op papier moet zetten, anders wordt ze **gek**. Ze schrijft over de andere mensen die zich samen met haar in het achterhuis verborgen houden en hoe zij omgaan met de stress van de ontdekking. Op een dag komt Annes grootste angst uit: een **nazi-soldaat** komt de kamer binnen terwijl zij in haar dagboek zit te schrijven. Hij eist te weten wie het geschreven heeft en waar ze **ondergedoken** zijn. Annes hart slaat over als ze een leugen probeert te bedenken, maar voordat ze **iets** kan zeggen, grijpt de soldaat haar bij de arm en sleurt haar de kamer uit.

Anne wordt naar een **concentratiekamp** gebracht waar ze elke dag lange uren moet werken. Ze ziet overal om zich heen verschrikkelijke dingen gebeuren en vraagt zich af of iemand er ooit achter zal komen wat hier gebeurd is. Op een dag wordt Anne op een **transporttrein** gezet op weg naar Auschwitz. Ze weet dat dit het einde voor haar is en begint in haar hoofd afscheid van iedereen te nemen. Als de trein het **station verlaat**, kijkt Anne naar alle mensen die staan te kijken, sommigen huilend, anderen zwaaiend, en vraagt zich af of iemand van hen zich haar naam nog zal herinneren als ze weg is. Anne Frank is een van de **beroemdste** mensen uit de geschiedenis omdat haar dagboek werd gevonden nadat ze in Auschwitz was gestorven.

med henne och hur de alla klarar av stressen att bli upptäckta. En dag besannas Annes värsta farhågor: en **nazisoldat** kommer in i rummet medan hon skriver i sin dagbok. Han kräver att få veta vem som skrivit den och var de **gömmer sig**. Annes hjärta rusar när hon försöker komma på en lögn, men innan hon hinner säga **något** tar soldaten tag i hennes arm och drar ut henne ur rummet.

Anne förs till ett **koncentrationsläger** där hon tvingas arbeta långa timmar varje dag. Hon ser fruktansvärda saker hända runt omkring henne och undrar om någon någonsin kommer att få reda på vad som hände här. En dag sätts Anne på ett **transporttåg på** väg till Auschwitz. Hon vet att detta är slutet för henne och börjar säga farväl till alla i sitt huvud. När tåget drar iväg från **stationen** tittar Anne på alla människor som står där och tittar på - vissa gråter, andra viftar - och undrar om någon av dem kommer att komma ihåg hennes namn när hon är borta. Anne Frank är en av historiens mest **kända** personer eftersom hennes dagbok hittades efter hennes död i Auschwitz.

Begrip vragen

1. Hoe zag het leven van Anne Frank eruit voor de oorlog?

2. Hoe vindt Anne het om opgesloten te zitten in het achterhuis?

3. Waarom schrijft Anne in haar dagboek?

4. Wat gebeurt er als een nazi-soldaat Anne betrapt op het schrijven in haar dagboek?

5. Hoe is het leven van Anne in het concentratiekamp?

6. Waar wordt Anne heen gebracht als ze op de transporttrein wordt gezet?

7. Waarom is Anne Frank een van de beroemdste mensen uit de geschiedenis?

8. Waar leeft Annes nalatenschap nog van voort?

9. Wat vond Anne van de mensen die op het station stonden toen ze naar Auschwitz vertrok?

10. Wat denk je dat Anne zou willen dat de mensen zich zouden herinneren van haar verhaal?

Frågor om förståelse

1. Hur såg Anne Franks liv ut före kriget?

2. Vad tycker Anne om att vara instängd i det hemliga annexet?

3. Varför skriver Anne i sin dagbok?

4. Vad händer när en nazisoldat ser Anne skriva i sin dagbok?

5. Hur ser livet ut för Anne i koncentrationslägret?

6. Vart förs Anne när hon sätts på transporttåget?

7. Varför är Anne Frank en av historiens mest kända personer?

8. Vad är det som fortsätter att leva i Annes arv?

9. Vad tyckte Anne om de människor som stod vid tågstationen när hon åkte till Auschwitz?

10. Vad tror du att Anne skulle vilja att folk skulle komma ihåg om hennes berättelse?

Rotterdam

De zon ging onder boven de stad Rotterdam en wierp een **prachtige** oranje gloed over de skyline. De stad was vol met mensen die bezig waren met hun avondactiviteiten. In de verte hoorde je het geluid van scheepshoorns die de rivier afvoeren. U liep door een van de vele **parken** in Rotterdam, genietend van de **rust** en stilte na een lange dag werken. Terwijl u liep, zag u iemand op een bankje zitten, starend naar de zonsondergang. Ze leken diep in gedachten verzonken en verloren in hun eigen wereld. Je voelde je tot hem aangetrokken, dus ging je naast hem op het **bankje zitten**.

Een tijd lang zeiden jullie geen van beiden iets; jullie genoten van elkaars **gezelschap** en keken toe hoe de nacht over Rotterdam begon te vallen. Uiteindelijk verbrak de vreemdeling de stilte door te vragen of u wist hoe laat het was. Je vertelde hem dat het bijna 21.00 uur was; ze bedankten je voordat ze opstonden van het bankje en **weggingen** zonder nog een woord tussen jullie te hebben gesproken. Je zag die **vreemdeling** nooit meer terug, maar hun woorden bleven je bij, lang nadat ze weg waren. Ze vroegen of je wist hoe laat het was, en je zei dat het bijna 21.00 uur was. Maar wat ze daarna zeiden is je altijd bijgebleven. “Tijd is een

Rotterdam

Solen höll på att gå ner över Rotterdam och kastade ett **vackert** orange sken över staden. Staden var full av människor som gick till sina kvällsaktiviteter. På avstånd kunde man höra ljudet av fartygens horn när de tog sig fram på floden. Du gick genom en av Rotterdams många **parker och** njöt av **lugnet** efter en lång arbetsdag. Medan du gick såg du någon som satt på en bänk och stirrade ut på solnedgången. De såg djupt försjunken ut i tankar och verkade vilse i sin egen värld. Du kunde inte låta bli att känna dig attraherad av dem och därför satte du dig bredvid dem på **bänken**.

Under en stund sa ingen av er något, ni njöt bara av varandras **sällskap** och såg hur natten började falla över Rotterdam. Slutligen bröt främlingen tystnaden genom att fråga om du visste vad klockan var. Du berättade att klockan var nästan nio på kvällen, och de tackade dig innan de reste sig från bänken och **gick** utan att något annat ord hade sagts mellan er. Du såg aldrig **främlingen** igen, men deras ord stannade kvar hos dig långt efter att de hade försvunnit. De frågade om du visste vad klockan var, och du svarade dem att klockan var nästan nio på kvällen. Men det som de sa härnäst har förföljt dig ända sedan dess. “Tiden är en lustig sak”, sa de med ett sorgligt leende. Den kan röra

grappig iets," zeiden ze met een droevige glimlach. Het kan zo langzaam gaan als je op iets of iemand speciaal wacht. Maar het kan ook voorbij vliegen in een **oogwenk**. "Je dacht vaak na over die woorden en vroeg je af wie die vreemdeling was en wat hun verhaal zou kunnen zijn. Wachten ze op iemand? Of waren ze ergens voor op de vlucht? Hoe dan ook, hun woorden zijn je bijgebleven en hebben je aan het denken gezet over je eigen leven en hoe de tijd voorbij lijkt te glijden zonder dat we het ons zelfs maar realiseren.

Het is een jaar geleden sinds die noodlottige **ontmoeting** in het park, hoewel het soms aanvoelt alsof het veel langer geleden is dan dat. Het leven gaat zijn **gewone** gangetje, maar er zijn dagen dat je je afvraagt wat er van die vreemdeling geworden is. Hebben ze gevonden wat of wie ze zochten? Zijn ze nu gelukkig? Je zult het misschien nooit weten, maar die korte momenten tussen twee vreemden zullen je **voor altijd** bijblijven.

sig så långsamt när man väntar på något eller någon speciell. Men sedan kan den också flyga förbi på ett ögonblick. " Du tänkte ofta på de orden och undrade vem främlingen var och vad deras historia kunde vara. Väntade de på någon? Eller var de på **flykt** från något? Hur som helst har deras ord stannat kvar hos dig och fått dig att tänka på ditt eget liv och hur tiden tycks rinna iväg utan att vi ens märker det.

Det har gått ett år sedan det ödesdigra **mötet** i parken, även om det ibland känns som om det var mycket längre sedan. Livet har fortsatt som **vanligt,** men det finns dagar då man inte kan låta bli att undra över den främlingen och vad som blev av dem. Hittade de vad eller vem de letade efter? Är de **lyckliga** nu? Du kanske aldrig får veta det, men de korta ögonblick som två främlingar delade med varandra kommer att stanna kvar i ditt medvetande **för alltid**.

Begrip vragen

1. Hoe ziet de stad Rotterdam eruit bij zonsondergang?

2. Hoe voelt de hoofdpersoon zich bij het zien van de vreemdeling?

3. Wat vraagt de vreemdeling aan de hoofdpersoon?

4. Wat zegt de vreemdeling over tijd?

5. Hoe voelt de hoofdpersoon zich nadat de vreemdeling vertrokken is?

6. Wat vraagt de hoofdpersoon zich af over de vreemdeling?

7. Hoe denkt de hoofdpersoon over zijn eigen leven?

8. Waar vindt de ontmoeting plaats?

9. Welk seizoen is het?

10. Wat is het beroep van de hoofdpersoon?

Frågor om förståelse

1. Hur ser Rotterdam ut i solnedgången?

2. Vad känner huvudpersonen när han ser främlingen?

3. Vad frågar främlingen huvudpersonen?

4. Vad säger främlingen om tid?

5. Hur känner sig huvudpersonen efter att främlingen har gått?

6. Vad undrar huvudpersonen om främlingen?

7. Vad tänker huvudpersonen om sitt eget liv?

8. Var äger mötet rum?

9. Vilken årstid är det?

10. Vad är huvudpersonens yrke?

Op het strand

Na zonsopgang zijn de golven luider en het zand boven de vloed is wit. Ik loop naar het strand en **bewonder** de zee en de zon. Mijn tenen voelen de groeven van schelpen. Het zand is koud aan mijn tenen. Ik glimlach en loop door. Het is vloed, dus ik moet oppassen dat ik er niet in word getrokken. Ik loop langs de waterkant en bewonder de zee. De zonsopgang is **prachtig**, en de golven beuken. Ik voel me zo vredig. Ik kom op een plek waar een rots uitsteekt. Ik ga zitten en kijk naar de golven. Het water is zo blauw en de lucht is zo **oranje**. Ik voel me alsof ik in een droom ben. Ik sluit mijn ogen en luister alleen maar naar de golven. Ik zat daar een hele tijd, tot ik iemand mijn naam hoorde roepen.

Ik open mijn ogen en zie mijn moeder naar me toe lopen. Ze heeft een bezorgde blik op haar gezicht. Ik glimlach en zwaai, en ze **ontspant zich**. “Ik vroeg me al af waar je was,” zegt ze. “Ik ben blij dat je van het strand geniet.” Ik antwoord: “Dat doe ik.” “Het is hier zo mooi.” “Ik weet het,” zegt ze. “Ik kwam hier altijd toen ik zo oud was als jij.” “Echt waar?” Vraag ik. “Ja,” antwoordt ze. “Het is een speciale plek.” “Heb je hier ooit iemand speciaal ontmoet?” Vraag ik. “Ik wel,” antwoordt ze met een glimlach. “Je vader.” “Echt waar?” Zeg ik, **verbaasd**. “Ja,” zegt ze. “We kwamen hier altijd

På stranden

Efter soluppgången är vågorna högre och sanden ovanför tidvattnet är vit. Jag går ner till stranden och **beundrar** havet och solen. Mina tår känner skalens rännor. Sanden är kall på mina tår. Jag ler och fortsätter att gå. Tidvattnet är högt, så jag måste vara försiktig så att jag inte dras in. Jag går längs vattenkanten och beundrar havet. Soluppgången är **vacker och** vågorna slår mot varandra. Jag känner mig så fridfull. Jag kommer till en plats där det finns en klippavsats. Jag sätter mig ner och tittar på vågorna. Vattnet är så blått och himlen är så **orange**. Det känns som om jag befinner mig i en dröm. Jag blundar och lyssnar bara på vågorna. Jag satt där länge tills jag hörde någon ropa mitt namn.

Jag öppnar ögonen och ser min mamma gå mot mig. Hon har en orolig blick i ansiktet. Jag ler och vinkar och hon **slappnar av**. "Jag undrade vart du tog vägen", säger hon. "Jag är glad att du njuter av stranden." Jag svarar: "Det gör jag." "Det är så vackert här." "Jag vet", säger hon. "Jag brukade komma hit hela tiden när jag var i din ålder." "Verkligen?" Jag frågar. "Ja", svarar hon. "Det är ett speciellt ställe." "Träffade du någonsin någon speciell person här?" Jag frågar. "Det har jag gjort", svarar hon med ett leende. "Din far." "Verkligen?"

samen. Het is waar we verliefd werden. “ Ik glimlach en **stel me voor hoe** mijn ouders verliefd werden op dit prachtige strand. “Het is een speciale plek,” herhaalt ze. “Ik ben blij dat je hier vandaag bent.”

We zitten daar nog een tijdje, **kijken naar** de golven en de zonsondergang. Dan staan we op en lopen terug naar onze strandhanddoeken. Ik ga liggen en kijk naar de sterren. Ik voel me zo gelukkig en tevreden. De golven zijn nu luider, en het zand is koud. De zon gaat onder en er waait een koel briesje. De golven beuken tegen de kust, en de geur van zout hangt in de lucht. Het is een perfecte avond om op het strand te zijn. Ik loop langs het strand, **luister** naar het geluid van de golven en kijk naar de zonsondergang. Ik zie een groep mensen op het zand zitten, lachend en grapjes makend. Ze zien eruit alsof ze het naar hun zin hebben. Ik loop naar ze toe en vraag of ik erbij mag komen zitten. Ze zeggen ja, en we brengen de rest van de avond door met praten, lachen en kijken naar de **zonsondergang**. Het is een perfecte avond. De groep en ik praten tot de zon ondergaat. We delen verhalen en grappen, en we hebben allemaal een geweldige tijd. Als de avond begint te vallen, beginnen we allemaal moe te worden. We kussen elkaar **vaarwel** en gaan uit elkaar. Ik loop terug naar mijn hotel en voel me gelukkig en tevreden. Ik kan niet geloven hoe mooi het hier is. Ik ben zo gelukkig dat ik het heb mogen **meemaken**.

Jag säger **förvånad**. “Ja”, säger hon. “Vi brukade komma hit hela tiden tillsammans. Det var här vi blev förälskade. “ Jag ler och **föreställer mig** mina föräldrar som förälskade sig på denna vackra strand. “Det är en speciell plats”, upprepar hon. “Jag är glad att du kom hit i dag.”

Vi sitter där ett tag till och **tittar på** vågorna och solnedgången. Sedan reser vi oss upp och går tillbaka till våra strandhanddukar. Jag lägger mig ner och tittar på stjärnorna. Jag känner mig så lycklig och nöjd. Vågorna är högre nu och sanden är kall. Solen håller på att gå ner och en sval bris blåser. Vågorna slår mot stranden och doften av salt ligger i luften. Det är en perfekt kväll att vara på stranden. Jag går längs stranden, **lyssnar** på vågornas ljud och tittar på solnedgången. Jag ser en grupp människor som sitter i sanden och skrattar och skämtar. De ser ut att ha det jättebra. Jag går fram till dem och frågar om jag får göra dem sällskap. De säger ja och vi tillbringar resten av kvällen med att prata, skratta och titta på **solnedgången**. Det är en perfekt kväll. Gruppen och jag pratar tills solen går ner. Vi delar med oss av historier och skämt och vi har alla väldigt roligt. När kvällen börjar falla börjar vi alla känna oss trötta. Vi kysser varandra **adjö** och går skilda vägar. Jag går tillbaka till mitt hotell och känner mig lycklig och nöjd. Jag kan inte fatta hur härligt det är här. Jag är så lyckligt lottad som har fått **uppleva** det.

Begrip vragen

1. Waar gaat de vertelster heen nadat ze wakker is geworden?

2. Wat bewondert de vertelster als ze langs het strand loopt?

3. Waar moet de vertelster op letten als ze langs het strand loopt?

4. Waar gaat de verteller zitten om van het uitzicht te genieten?

5. Hoe lang blijft de verteller daar zitten?

6. Wie ziet de verteller als ze haar ogen weer opent?

7. Wat zegt de moeder van de verteller?

8. Waar praten de verteller en de mensen die ze ontmoet over?

Frågor om förståelse

1. Vart går berättaren efter att hon vaknat?

2. Vad beundrar berättaren när hon går längs stranden?

3. Vad måste berättaren se upp för när hon går längs stranden?

4. Var sätter sig berättaren för att njuta av utsikten?

5. Hur länge sitter berättaren där?

6. Vem ser berättaren när hon öppnar ögonen igen?

7. Vad säger berättarens mamma?

8. Vad pratar berättaren och de människor hon träffar om?

Kamperen aan het meer

Ik loop naar het meer en **bewonder** de vredigheid van het tafereel. De zon schijnt op het meertje, waardoor het water eruit ziet als glas. De enige beweging is af en toe een rimpeling van een vis **die** het wateroppervlak breekt. Zelfs de vogels lijken een pauze te nemen van de hitte, met alleen het geluid van cicaden die de lucht vullen. **Plotseling** wordt de rust verbroken door een luide plons. Een grote **vis** is uit het water gesprongen, in een poging een libel te vangen. De vis mist zijn doel en valt met een plons terug in het water. “Wow,” denk ik bij mezelf, “dat was een grote vis!.” Ik keek om me heen om te zien of iemand anders hem had gezien, maar er was niemand in de buurt. Ik denk dat ik het ze zal moeten vertellen als ik terug ben in het kamp.

De hitte is **drukkend**, waardoor het moeilijk is om te ademen. De lucht is dik en zwaar, als een deken om je heen gewikkeld. De enige verlichting is in het water. Het is koel en verfrissend, als een koud drankje op een warme dag. Ik haal diep adem en duik in het water. De opluchting is onmiddellijk als het koele water me omringt. Ik zwem naar de bodem en dan weer naar de oppervlakte, terwijl ik voel hoe het water mijn lichaam afkoelt. Ik blijf baantjes trekken en geniet van de

Camping vid sjön

Jag går mot sjön och **beundrar den** fridfulla scenen. Solen slår ner på den lilla sjön och får vattnet att se ut som en glasskiva. Den enda rörelsen är enstaka krusningar från en fisk som **bryter** ytan. Till och med fåglarna verkar ta en paus från värmen, endast ljudet av cikador fyller luften. **Plötsligt** bryts lugnet av ett högt plask. En stor **fisk** har hoppat upp ur vattnet och försöker fånga en trollslända. Fisken missar sitt mål och faller tillbaka i vattnet med ett plask. “Wow”, tänker jag för mig själv, “det var en stor fisk!”. Jag tittade mig omkring för att se om någon annan hade sett den, men det fanns ingen i närheten. Jag antar att jag får berätta för dem när jag kommer tillbaka till lägret.

Värmen är **tryckande och det är** svårt att andas. Luften är tjock och tung, som en filt som sveps runt dig. Den enda lättnaden finns i vattnet. Det är svalt och uppfriskande, som en kall dryck en varm dag. Jag tar ett djupt andetag och dyker ner i vattnet. Lättnaden är omedelbar när det svala vattnet omger mig. Jag simmar ner till botten och sedan tillbaka upp till ytan och känner hur vattnet kyler min kropp. Jag fortsätter att **simma** varv, och njuter av andningen från värmen. Efter ett tag stiger jag upp ur vattnet och lägger mig på gräset för

afkoeling van de hitte. Na een tijdje kom ik uit het water en ga op het gras liggen, zodat de zon mijn lichaam kan drogen. Ik sluit mijn ogen en val in slaap, het geluid van de **cicaden** brengt me in een diepe slaap. Ik laat de zon het water uit mijn huid bakken. Ik voel dat mijn huid rood wordt, maar dat kan me niet schelen. Ik heb het te warm om me zorgen te maken. Het volgende dat ik weet, is dat de zon ondergaat. De lucht is prachtig oranje, met roze en paarse strepen. De hitte is weg, vervangen door een koel **briesje**.

Ik sta op en trek mijn kleren weer aan. Ik voel me verfrist en verjongd. Ik haal diep **adem** uit de koele lucht en glimlach. Het voelt goed om te leven. Ik loop terug naar de camping en bewonder de manier waarop de kleuren in de lucht dansen. In de verte zie ik het kampvuur branden, en ik ruik de rook in de lucht.
Ik glimlach en **versnel** mijn pas. Ik ben klaar om te ontspannen en te genieten van de rest van mijn avond. Ik loop de camping op en zie dat iedereen rond het vuur zit. Ze **lachen** en maken grapjes, en ik kan het vuur in hun ogen zien weerkaatsen. Ik glimlach en ga naast mijn vrienden zitten. Het is goed om terug te zijn. De volgende ochtend sta ik vroeg op en begin mijn spullen in te pakken. Ik sta te popelen om weer op pad te gaan en mijn reis voort te zetten. Ik neem afscheid van mijn vrienden en begin weg te lopen. Terwijl ik loop, werp ik nog een laatste blik op de **camping**. In de verte zie ik het vuur nog branden en ik ruik de rook in de lucht.

att låta solen torka min kropp. Jag sluter ögonen och somnar, ljudet av **cikadorna** vaggar mig in i en djup sömn. Jag låter solen bränna vattnet ur min hud. Jag känner hur min hud blir röd, men jag bryr mig inte. Jag är för varm för att bry mig. nästa sak jag vet är att solen går ner. Himlen är vackert orange med strimmor av rosa och lila. Hettan är borta och ersätts av en sval **bris**.

Jag reser mig upp och tar på mig kläderna igen, känner mig fräsch och föryngrad. Jag tar ett djupt **andetag** av den svala luften och ler. Det känns bra att vara vid liv. Jag går tillbaka till lägerplatsen och beundrar hur färgerna dansar på himlen. Jag ser lägerelden brinna i fjärran och känner lukten av rök i luften. Jag ler och **ökar** tempot. Jag är redo att slappna av och njuta av resten av kvällen. Jag går in på lägerplatsen och ser att alla är samlade runt elden. De **skrattar** och skämtar, och jag kan se elden spegla sig i deras ögon. Jag ler och sätter mig bredvid mina vänner. Det är skönt att vara tillbaka. Nästa morgon vaknar jag tidigt och börjar packa mina saker. Jag är ivrig att komma tillbaka på leden och fortsätta min resa. Jag tar farväl av mina vänner och börjar gå iväg. När jag går tar jag en sista titt på **lägerplatsen**. Jag kan se att elden fortfarande brinner i fjärran och jag kan känna lukten av rök i luften.

Begrip vragen

1. Waar gaat de wandelaar heen?

2. Wat voor weer is het?

3. Hoe ziet het water eruit?

4. Hoe reageert de wandelaar op de hitte?

5. Wat doet de vis?

6. Waarom is de wandelaar alleen?

7. Hoe voelt het water aan?

8. Hoe voelt de wandelaar zich na het zwemmen?

9. Hoe laat is het als de wandelaar wakker wordt?

10. Waar gaat de wandelaar heen als hij het kamp verlaat?

Frågor om förståelse

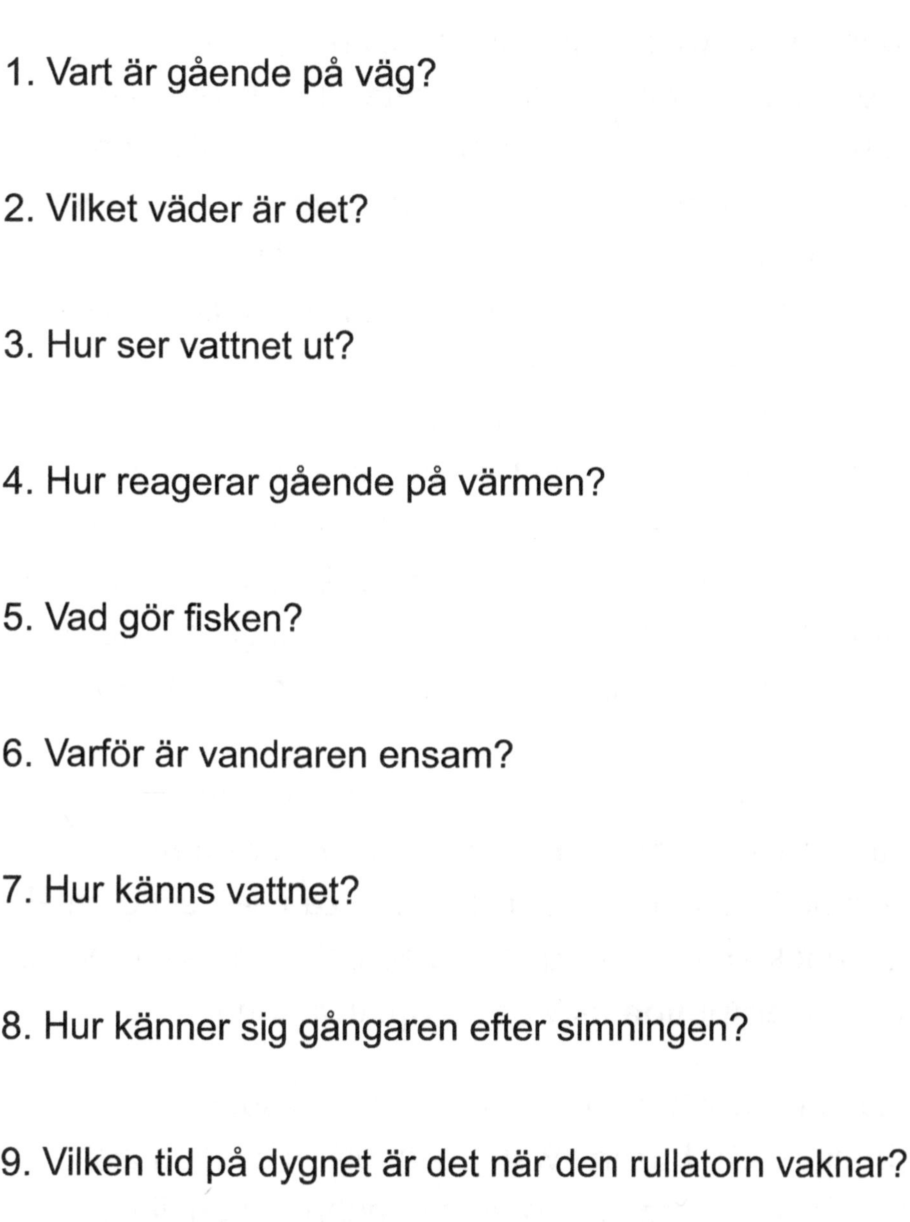

1. Vart är gående på väg?

2. Vilket väder är det?

3. Hur ser vattnet ut?

4. Hur reagerar gående på värmen?

5. Vad gör fisken?

6. Varför är vandraren ensam?

7. Hur känns vattnet?

8. Hur känner sig gångaren efter simningen?

9. Vilken tid på dygnet är det när den rullatorn vaknar?

10. Vart tar vandraren vägen när han lämnar lägret?

Het Huis

Ik ben vorige week in mijn nieuwe huis getrokken, en ik ben zo **opgewonden**! Het is zoveel groter dan mijn oude, en het heeft een grote achtertuin. Ik kan niet wachten om vrienden uit te nodigen voor BBQ's en feestjes. Mijn **favoriete** deel is mijn nieuwe slaapkamer. Hij is zo groot en licht, en ik heb veel ruimte om al mijn spullen op te bergen. Ik ben echt blij met mijn nieuwe huis en ik denk dat ik hier heel gelukkig zal zijn. Ik besloot om het huis nog wat verder te verkennen. Ik ging naar boven naar de tweede verdieping en ging op weg naar de keuken toen ik een grote zwarte spin op de muur zag! Ik gilde en rende naar beneden. Ik was zo **bang**! Maar na een paar minuten was ik gekalmeerd en besloot ik terug naar boven te gaan. Ik ging langzaam naar de keuken en zag dat de spin weg was. Ik was zo opgelucht! Ik ging terug naar beneden en besloot naar buiten te gaan om de **achtertuin te verkennen**. Hij was zo groot! Ik kon het niet geloven. Ik zag een schommel in de hoek en een glijbaan. Ik zag ook een basketbalnet en een **trampoline**. Ik was zo opgewonden!

Ik kan niet wachten om al deze nieuwe spullen te gebruiken. De **buren** kwamen langs en stelden zich voor. Ze leken erg aardig, en we hebben een tijdje gepraat. Ze nodigden me uit voor hun BBQ volgend

Huset

Jag flyttade in i mitt nya hus förra veckan, och jag är så **glad**! Det är så mycket större än mitt gamla och har en stor bakgård. Jag kan inte vänta på att få bjuda in vänner till grillkvällar och fester. Min favoritdel är mitt nya sovrum. Det är så stort och ljust, och jag har massor av utrymme att ställa alla mina saker. Jag är verkligen nöjd med mitt nya hus och jag tror att jag kommer att bli väldigt lycklig här. Jag bestämde mig för att utforska huset lite mer. Jag gick upp till andra våningen och började ta mig till köket när jag såg en stor svart spindel på väggen! Jag skrek och sprang ner för trappan. Jag var så **rädd**! Men efter några minuter lugnade jag mig och bestämde mig för att gå upp igen. Jag tog mig sakta fram till köket och såg att spindeln var borta. Jag var så lättad! Jag gick ner igen och bestämde mig för att gå ut och utforska **bakgården**. Den var så stor! Jag kunde inte tro det. Jag såg en gungställning i hörnet och en rutschkana. Jag såg också ett basketnät och en **studsmatta**. Jag var så uppspelt!

Jag kan inte vänta på att få använda alla dessa nya saker. **Grannarna** kom över och presenterade sig. De verkade riktigt trevliga och vi pratade en stund. De bjöd in mig till deras grillfest nästa helg, och jag sa att jag gärna vill komma. Jag har haft en fantastisk

weekend, en ik zei dat ik graag zou komen. Ik had een geweldige eerste week in mijn nieuwe huis, en ik ben opgewonden over alle nieuwe avonturen die in het verschiet liggen. Vandaag ga ik weer op verkenning in de achtertuin en kijken wat ik nog meer kan vinden. Wie weet, misschien vind ik wel een **schat**. Ik kan niet wachten om te zien wat de volgende week brengt!
De volgende week ging ik weer op verkenning in de achtertuin, en ik vond een **geheime** tuin. Het was zo mooi! Er waren overal bloemen en een kleine vijver met vissen erin. Ik zag ook een schommel die ik nog niet eerder had gezien. Ik was zo opgewonden toen ik deze geheime tuin vond, en ik kan niet wachten om hem verder te verkennen. Het was zo **mooi**!

Er waren overal bloemen en een kleine vijver met vissen erin. Ik zag ook een **schommel** die ik nog niet eerder had gezien. Ik was zo opgewonden toen ik deze geheime tuin vond, en ik kan niet wachten om hem verder te verkennen. Ik vond mijn nieuwe kamer ook geweldig. Hij was zo groot en licht, en er hingen al posters van mijn favoriete bands aan de muur. Ik hoefde niet eens mijn eigen **meubels** mee te nemen, want er stonden al een bed, een dressoir en een bureau. Dit wordt het beste jaar ooit! Ik was een beetje nerveus om op een nieuwe **school** te beginnen, maar al mijn nieuwe buren zijn zo vriendelijk. Ik heb zelfs een meisje ontmoet dat naast me woont, en ze zegt dat ze op mijn eerste dag met me naar school zal lopen.

första vecka i mitt nya hus, och jag är förväntansfull inför alla nya äventyr som väntar. I dag ska jag gå på upptäcktsfärd i trädgården igen och se vad mer jag kan hitta. Vem vet, kanske hittar jag till och med en **skatt**. Jag kan inte vänta på att se vad nästa vecka kommer att föra med sig! Nästa vecka gick jag på upptäcktsfärd i trädgården igen och hittade en **hemlig** trädgård. Den var så vacker! Det fanns blommor överallt och en liten damm med fiskar i. Jag såg också en gungställning som jag inte hade sett förut. Jag blev så glad över att hitta den här hemliga trädgården och jag kan inte vänta på att utforska den mer. Den var så **vacker**!

Det fanns blommor överallt och en liten damm med fiskar i. Jag såg också en gungställning som jag inte hade sett förut. Jag var så glad över att hitta den här hemliga trädgården och jag kan inte vänta på att utforska den mer. Jag älskade också mitt nya rum. Det var så stort och ljust, och det fanns redan affischer med mina favoritband på väggarna. Jag behövde inte ens ta med mig några egna **möbler** eftersom det redan fanns en säng, en byrå och ett skrivbord här. Det här kommer att bli det bästa året någonsin! Jag var lite nervös över att börja på en ny **skola,** men alla mina nya grannar har varit så vänliga. Jag har till och med träffat en tjej som bor bredvid och hon säger att hon ska gå till skolan med mig på min första dag.

Begrip vragen

1. Waar woont de persoon?

2. Hoe vindt de persoon het in het nieuwe huis?

3. Wat is het favoriete deel van het nieuwe huis van de persoon?

4. Wat heeft de persoon in de tuin gevonden?

5. Wie zijn de buren?

6. Hoe voelde de persoon zich de eerste dagen in het nieuwe huis?

7. Wat is het favoriete deel van de nieuwe kamer van de persoon?

8. Wat is de persoon van plan morgen te doen?

9. Wat was het beste deel van de eerste week van de persoon in het nieuwe huis?

10. Wat is er allemaal in de nieuwe kamer van de persoon?

Frågor om förståelse

1. Var bor personen?

2. Hur trivs personen i det nya huset?

3. Vad är personens favoritdel i det nya huset?

4. Vad hittade personen i trädgården?

5. Vilka är grannarna?

6. Hur kändes de första dagarna i det nya huset?

7. Vad är personens favoritdel i det nya rummet?

8. Vad planerar personen att göra i morgon?

9. Vad var det bästa med personens första vecka i det nya huset?

10. Vad finns i personens nya rum?

In de trein

Ik rende naar het treinstation, maar ik was te laat. De trein was al vertrokken zonder mij. Ik voelde me zo **boos** en **teleurgesteld** in mezelf. Ik was van plan om met de trein naar mijn grootouders te gaan die op het platteland wonen, maar nu moest ik een heel uur wachten op de volgende trein. Ik besloot in plaats daarvan een eindje door de stad te lopen en probeerde mijn gemiste kans te vergeten. Terwijl ik liep, begon ik **te dagdromen** over alle plaatsen die **treinen** je kunnen brengen. Plotseling was ik niet meer zo van streek. Ik liep terug naar het station en zag de grote rood-wit-blauwe locomotief die op me af kwam rijden. Pas als ik de **conducteur** vanuit het raam naar me zie zwaaien, realiseer ik me dat deze trein voor mij is. Ik stap in de trein en zoek een zitplaats. Ik ga zitten voor wat een lange reis belooft te worden.

Terwijl we het station uitrijden, vraag ik me af waar deze trein me heen zal brengen. Door groene **velden** en over blauwe rivieren, langs bergen en valleien, het is niet te zeggen waar deze oude trein heen zal gaan. Als de nacht begint te vallen, val ik in een **vredige** slaap, gewiegd door het **ritmische** rijden van de wagons op de sporen beneden. Als het weer ochtend wordt, open ik mijn ogen en zie dat we in een klein stadje ergens

På tåget

Jag sprang till tågstationen, men det var för sent. Tåget hade redan gått utan mig. Jag kände mig så **arg** och **besviken** på mig själv. Jag hade planerat att ta tåget för att besöka mina morföräldrar som bor på landet, men nu skulle jag behöva vänta en hel timme på nästa tåg. Jag bestämde mig för att gå runt i staden en stund i stället och försökte glömma min missade möjlighet. Medan jag gick började jag **dagdrömma** om alla de platser som **tågen** kan ta en till. Plötsligt var jag inte längre så upprörd. Jag går tillbaka in på stationen och kan inte låta bli att lägga märke till det stora röda, vita och blå lokomotivet som tuffar fram mot mig. Det är inte förrän jag ser **konduktören** vinka till mig från fönstret som jag förstår att det här tåget är till mig. Jag går ombord på tåget och hittar min plats och sätter mig ner för vad som lovar att bli en lång resa.

När vi lämnar stationen kan jag inte låta bli att undra vart tåget kommer att ta mig. Genom gröna **fält** och över blå floder, förbi berg och dalar, det går inte att säga vart det här gamla tåget kommer att ta vägen. När mörkret börjar falla glider jag in i en **fridfull** sömn, vaggad av den **rytmiska** rörelsen av vagnarna på spåren nedanför. När morgonen kommer igen öppnar jag ögonen och upptäcker att vi har anlänt till en liten

in niemandsland zijn aangekomen. De zon komt net boven de horizon als de plaatselijke bevolking zich in de hoofdstraat begint te mengen; het ziet er hier uit als elke andere dag, behalve één ding - er hangt een groot bord bij het stadhuis met de tekst “Welkom aan boord!” Het lijkt erop dat dit kleine stadje ons verwacht, ook al zijn we maar een gewone passagierstrein op doorreis naar elders. Terwijl we de stad weer achter ons laten, op weg naar wie weet waar, glimlach ik om al die vriendelijke gezichten die ons uitzwaaien vanuit die kleine huisjes tussen **het boerenland -** het is echt verbazingwekkend hoe iets dat zo gewoon lijkt, zoveel vreugde kan brengen door er gewoon langs te rijden. En dan, natuurlijk, zijn er de **kinderen**.

Ik leun uit het raam van mijn locomotief. Ze maken me altijd zo blij met hun stralende ogen en grote grijnzen. Ik zwaai energiek naar ze terug voordat ik terugga naar mijn **cabine** en ga zitten. Het was al een lange dag, maar hij is nog niet voorbij; het duurt nog een paar uur voordat we onze **eindbestemming** bereiken. Ik pak mijn boek en begin te lezen, terwijl het ritmische schommelen van de trein me in een vredige toestand brengt. Af en toe kijk ik op naar het landschap dat buiten aan me voorbijtrekt - het verveelt nooit, hoe vaak ik het ook zie. Uiteindelijk begint de nacht te vallen en verschijnen er **twinkelende** lichtjes in de verte; we komen nu in de buurt.

stad någonstans mitt ute i ingenstans. Solen tittar precis över horisonten när lokalbefolkningen börjar mingla runt på Main Street; det ser ut som vilken dag som helst här förutom en sak - det finns en stor skylt uppsatt nära stadshuset där det står "Välkommen ombord!". Det verkar som om den här lilla staden har väntat på oss, trots att vi bara är ett vanligt passagerartåg som passerar på väg någon annanstans. När vi återigen lämnar staden bakom oss och tuffar vidare mot vem vet vart vi ska, ler jag åt alla vänliga ansikten som vinkar adjö från de små husen som ligger inbäddade bland **jordbruksmarken - det** är verkligen fantastiskt hur något så till synes ordinärt kan ge så mycket glädje bara genom att passera. Och sedan finns det naturligtvis **barnen**.

Jag lutar mig ut genom fönstret på mitt lokomotiv. De får mig alltid att känna mig så lycklig med sina lysande ögon och stora leenden. Jag vinkade energiskt tillbaka till dem innan jag återvände till min **hytt** och satte mig ner. Det har redan varit en lång dag, men den är inte över än; det är fortfarande några timmar kvar tills vi når vår **slutdestination**. Jag tar fram min bok och börjar läsa och låter tågets rytmiska gungning vagga mig in i ett lugnt tillstånd. Då och då tittar jag upp på landskapet som passerar förbi utanför - det blir aldrig gammalt hur många gånger jag än ser det. Så småningom börjar det bli mörkt och **blinkande** ljus börjar synas i fjärran; vi börjar närma oss nu.

Begrip vragen

1. Waar gaat de trein heen?

2. Wie reist er met de trein?

3. Wanneer vertrekt de trein?

4. Hoe komt de hoofdpersoon op de trein?

5. Waar komt de trein vandaan?

6. Waar gaat de trein nu heen?

7. Wanneer zijn de passagiers aangekomen?

8. Hoe voelt de hoofdpersoon zich als hij de trein mist?

9. Hoe reageert de treinmachinist als hij de hoofdpersoon ziet?

10. Waarom houdt de hoofdpersoon van treinen?

Frågor om förståelse

1. Vart är tåget på väg?
2. Vem reser med tåget?
3. När avgår tåget?
4. Hur kommer huvudpersonen ombord på tåget?
5. Varifrån kommer tåget?
6. Vart ska tåget åka nästa gång?
7. När anlände passagerarna?
8. Hur känner sig huvudpersonen när han missar tåget?
9. Hur reagerar lokföraren när han ser huvudpersonen?
10. Varför gillar huvudpersonen tåg?

Diner koken

Het is nu 5 uur 's middags en ik loop van mijn werk naar huis. Ik kijk **uit** naar een rustige avond thuis met mijn partner. We zullen samen eten koken en dan de rest van de avond ontspannen. Het voelt goed om te weten dat ik deze **avond** geen plannen of verplichtingen heb. Ik kom thuis en mijn partner is al in de keuken en begint ons avondeten klaar te maken. Het ruikt hier geweldig! We kletsen terwijl we koken, praten bij over elkaars dagen en delen kleine verhalen uit ons werkleven. De keuken is mijn favoriete kamer in ons appartement. Ik hou van koken, en vooral van koken met mijn partner. We hebben het hier altijd zo gezellig, we lachen wat en maken grapjes terwijl we aan het koken zijn. En het eten is altijd **heerlijk** als we **samenwerken**.

Vanavond maken we een van m'n lievelingsrecepten: Parmezaanse kip. Mijn partner begint met het paneren van de kip, terwijl ik de saus op het **fornuis** laat pruttelen. We werken samen als een goed geoliede machine en al snel is het eten klaar om op te dienen. We gaan aan onze kleine keukentafel zitten met **borden** vol met Parmezaanse kip, pasta en salade. We klinken op de glazen en nemen onze eerste hap, en het is **hemels**! De kip is knapperig van buiten maar

Matlagning av middag

Klockan är 17.00 och jag går hem från jobbet. Jag ser **fram emot en** lugn kväll hemma med min partner. Vi ska laga middag tillsammans och sedan bara slappna av resten av kvällen. Det känns skönt att veta att jag inte har några planer eller skyldigheter den här **kvällen**. Jag kommer hem och min partner står redan i köket och börjar förbereda vår middag. Det luktar **fantastiskt** här inne! Vi pratar medan vi lagar mat, tar del av varandras dagar och delar med oss av små historier från våra arbetsliv. Köket är mitt favoritrum i vår lägenhet. Jag älskar att laga mat, och jag älskar särskilt att laga mat tillsammans med min partner. Vi har alltid så roligt här inne, skrattar och skämtar medan vi lagar en storm. Dessutom blir maten alltid **otrolig** när vi arbetar **tillsammans**.

Ikväll ska vi laga ett av mina absoluta favoritrecept: **kyckling** parmesan. Min partner börjar med att panera kycklingen medan jag får såsen att sjuda på **spisen**. Vi arbetar tillsammans som en väloljad maskin och snart är middagen klar att serveras. Vi sätter oss vid vårt lilla köksbord med **tallrikar** fulla med kyckling parmesan, pasta och sallad. Vi klinkar i glasen och tar vår första tugga - och den är **himmelsk**! Kycklingen är krispig

sappig van binnen; de saus is smaakvol en perfect; de pasta is al dente gekookt... alles smaakt absoluut perfect vanavond. We weten allebei dat dit een van die avonden was waarop alles perfect samenkwam en we **genieten van** elke laatste hap van onze heerlijke maaltijd. Het smaakte nog beter dan het rook, en dat was verdomd goed! We hebben onze maaltijd relatief snel op, omdat geen van ons beiden vandaag honger heeft, maar we nemen de tijd om nog een paar **glazen** wijn te drinken terwijl we luchtig kletsen over dit en dat onderwerp. Na het eten ruimen we snel samen op en gaan dan naar de woonkamer, waar we een poosje **knuffelen** op de bank terwijl we TV kijken.

Het voelt zo fijn om dicht bij elkaar te zijn na een lange dag apart **werken**. Ik voel me voldaan. Ook al hadden we geen avond vol belevenissen, het was fijn om gewoon wat tijd met elkaar door te brengen zonder het huis uit te hoeven. We keken een film en gingen vroeg naar bed, met een **voldaan** gevoel over onze eenvoudige avond. Dit is een van onze **favoriete** dingen geworden om te doen op avonden dat we niet uit willen gaan - gewoon thuis ontspannen en genieten van elkaars gezelschap tijdens een zelfgekookte maaltijd. Het is altijd fijn om te weten dat we hier na een lange dag kunnen terugkomen en gewoon onszelf kunnen zijn.

på utsidan men saftig på insidan, såsen är smakrik och perfekt, pastan är kokt al dente... allt smakar helt perfekt i kväll. Vi vet båda att det här var en av de kvällar där allting bara kom samman perfekt när vi **njuter av** varenda tugga av vår utsökta måltid. Den smakade ännu bättre än den luktade - vilket var jäkligt bra! Vi äter upp vår måltid relativt snabbt eftersom ingen av oss är särskilt hungrig idag, men vi tar oss tid att njuta av ytterligare några **glas** vin medan vi pratar lättsamt om det ena eller andra ämnet. Efter middagen städar vi snabbt tillsammans och flyttar sedan in i vardagsrummet där vi tillbringar lite tid med att **mysa** i soffan medan vi tittar på TV.

Det känns så skönt att bara vara nära varandra efter en lång **arbetsdag**. Jag känner mig nöjd. Även om vi inte hade någon händelserik kväll var det trevligt att bara tillbringa lite tid tillsammans utan att behöva lämna huset. Vi tittade på en film och gick tidigt till sängs och kände oss **nöjda** med vår enkla kväll. Detta har blivit en av våra favoritsaker att göra på kvällar när vi inte vill gå ut - bara koppla av hemma och njuta av varandras sällskap över en hemlagad måltid. Det är alltid trevligt att veta att vi kan komma tillbaka hit efter en lång dag och bara vara oss själva.

Begrip vragen

1. Waar komt de verteller vandaan?

2. Wat doet de verteller na het werk?

3. Wat eet de verteller als avondeten?

4. Waarom houdt de verteller van de keuken?

5. Wat voor gerecht kookt het stel?

6. Hoe voelt de verteller zich aan het eind van de avond?

7. Wat is het favoriete ding van het koppel om te doen?

8. Wat doet het stel als ze moe worden?

9. Waar slapen ze?

10. Waarom blijft de verteller graag thuis?

Frågor om förståelse

1. Varifrån kommer berättaren?

2. Vad gör berättaren efter jobbet?

3. Vad äter berättaren till middag?

4. Varför gillar berättaren köket?

5. Vilken typ av maträtt lagar paret?

6. Hur känner sig berättaren i slutet av kvällen?

7. Vad är parets favoritsak att göra?

8. Vad gör paret när de blir trötta?

9. Var sover de?

10. Varför vill berättaren stanna hemma?

Walking Home

Het was een **rustige** avond toen ik van mijn werk naar huis liep. Terwijl ik liep, kon ik niet anders dan glimlachen bij de herinneringen. Het voelde goed om terug in mijn oude buurt te zijn. Ik zwaaide naar een paar mensen die ik kende, en zij zwaaiden terug. Het was goed om thuis te zijn. Ik liep langs mijn oude school en **herinnerde me** alle leuke tijden die ik had met mijn vrienden. We liepen altijd samen naar huis en praatten over onze dag. **Soms** stopten we om een ijsje te halen of gingen we naar het park. Dat waren de beste tijden. Ik mis die tijden. Maar nu heb ik mijn eigen familie en ik ben blij met mijn leven. Ik ben blij dat ik op die herinneringen kan terugkijken en glimlachen. Ze zijn een deel van mijn leven dat ik altijd zal koesteren. Dat waren de beste tijden. Ik mis die tijden. Maar nu heb ik mijn eigen familie en ben ik gelukkig met mijn leven. Ik ben blij dat ik kan terugkijken op die **herinneringen** en kan glimlachen. Ze zijn een deel van mijn leven dat ik altijd zal koesteren.

Ik blijf lopen, denkend aan de goede tijden die ik had met mijn vrienden. Ik weet dat ik ze snel weer zal zien. Ik ga richting mijn huis en besluit om door een park in de buurt te lopen. De zon gaat onder en de lucht kleurt **prachtig** oranje. Het park is leeg, behalve een

Att gå hem

Det var en **lugn** natt när jag gick hem från jobbet. När jag gick kunde jag inte låta bli att le åt minnena. Det kändes bra att vara tillbaka i mitt gamla kvarter. Jag vinkade till några personer som jag kände och de vinkade tillbaka. Det var skönt att vara hemma. Jag gick förbi min gamla skola och **mindes** alla goda stunder som jag hade haft med mina vänner. Vi brukade alltid gå hem tillsammans och prata om vår dag. **Ibland** stannade vi och köpte glass eller gick till parken. Det var de bästa tiderna. Jag saknar dessa tider. Men nu har jag min egen familj och är nöjd med mitt liv. Jag är glad att jag kan se tillbaka på dessa minnen och le. De är en del av mitt liv som jag alltid kommer att uppskatta. Det var den bästa tiden. Jag saknar den tiden. Men nu har jag min egen familj och är lycklig med mitt liv. Jag är glad att jag kan se tillbaka på dessa **minnen** och le. De är en del av mitt liv som jag alltid kommer att uppskatta.

Jag fortsätter att gå och tänker på de fina stunderna med mina vänner. Jag vet att jag snart kommer att träffa dem igen. Jag går mot mitt hem och bestämmer mig för att gå genom en park i närheten. Solen håller på att gå ner och himlen får en **vacker** orange färg. Parken är tom, förutom några fåglar som kvittrar i träden. Jag tar ett djupt **andetag och** ler. När jag går genom parken

paar vogels die in de bomen tjilpen. Ik haal diep **adem** en glimlach. Terwijl ik door het park loop, zie ik een vallende ster door de lucht scheren. Ik doe een wens op die ster, en loop verder. Ik denk aan mijn dag op het werk en hoe **vredig** het was. Ik glimlach in mezelf, denkend aan hoe gelukkig ik ben dat ik zo'n geweldige baan heb. Ik loop naar huis en **voel** de koele nachtlucht op mijn huid. Ik voel me zo levendig en gelukkig, gewoon genietend van de eenvoudige handeling van het naar huis lopen op een vredige avond. Ik voelde me zo goed, dat ik begon te **fluiten**. Ik liep langs een paar mensen op straat, maar ze bemoeiden zich allemaal met hun eigen zaken.

Ik draaide de hoek van mijn straat om en zag de kat van mijn buren, Mr. Whiskers, op mijn veranda zitten. Ik zei hem gedag en hij miauwde terug. Ik **deed** mijn deur **van het slot** en ging naar binnen. Ik was zo blij om thuis te zijn. Ik trok mijn schoenen uit en maakte me klaar om naar bed te gaan. Ik ging die avond naar bed met een blij en dankbaar gevoel, mijn hart vol liefde. Ik sliep de hele nacht rustig door, zonder me ergens zorgen over te maken. Ik werd wakker uit een rustgevende slaap en werd **begroet** door de zon die door mijn raam naar binnen scheen. Ik stapte uit bed en rekte me uit, haalde diep adem en voelde hoe de koele lucht mijn longen vulde. Ik liep naar mijn raam en keek naar buiten, hoorde de vogels kwetteren en de **eekhoorns** spelen. Ik glimlachte en kleedde me aan, blij en tevreden.

ser jag ett stjärnskott röra sig över himlen. Jag önskar mig något på den stjärnan och fortsätter att gå. Jag tänker på min dag på jobbet och hur **fridfull** den var. Jag ler för mig själv och tänker på hur lycklig jag är som har ett så bra jobb. Jag går hem och **känner den** svala nattluften på min hud. Jag känner mig så levande och lycklig, när jag bara njuter av den enkla handlingen att gå hem en lugn natt. Jag kände mig så bra att jag började **vissla**. Jag gick förbi några människor på gatan, men alla skötte sig själva.

Jag svängde runt hörnet på min gata och såg grannens katt, Mr Whiskers, sitta på min veranda. Jag sa hej till honom och han mejade tillbaka. Jag **låste upp** min dörr och gick in. Jag var så glad över att vara hemma. Jag tog av mig skorna och gjorde mig redo för sängen. Jag gick till sängs den kvällen och kände mig glad och tacksam, mitt hjärta fullt av kärlek. Jag sov gott hela natten och oroade mig inte för någonting. Jag vaknade upp från en vilsam sömn och **möttes** av solen som sken in genom mitt fönster. Jag gick upp ur sängen och sträckte mig, tog ett djupt andetag och kände hur den svala luften fyllde mina lungor. Jag gick till mitt fönster och tittade ut, hörde fåglarna kvittra och **ekorrarna** leka. Jag log och gick och klädde på mig och kände mig glad och nöjd.

Begrip vragen

1. Wat was de hoofdpersoon aan het doen toen het verhaal begon?

2. Waar dacht de hoofdpersoon aan toen hij naar huis liep?

3. Wat deed de hoofdpersoon vroeger met vrienden na school?

4. Wat mist de hoofdpersoon van die tijd?

5. Wat vindt de hoofdpersoon van zijn huidige leven?

6. Wat doet de hoofdpersoon als hij een vallende ster ziet?

7. Hoe voelt de hoofdpersoon zich als ze naar huis lopen?

8. Wat doet de hoofdpersoon als ze thuiskomen?

9. Hoe voelt de hoofdpersoon zich als hij de volgende ochtend wakker wordt?

10. Wat doet de hoofdpersoon de volgende dag?

Frågor om förståelse

1. Vad gjorde huvudpersonen när berättelsen började?

2. Vad tänkte huvudpersonen på när han gick hem?

3. Vad brukade huvudpersonen göra med sina vänner efter skolan?

4. Vad saknar huvudpersonen från den tiden?

5. Vad tycker huvudpersonen om sitt nuvarande liv?

6. Vad gör huvudpersonen när de ser ett stjärnfall?

7. Hur känner sig huvudpersonen när de går hem?

8. Vad gör huvudpersonen när de kommer hem?

9. Hur känner sig huvudpersonen när han vaknar nästa morgon?

10. Vad gör huvudpersonen nästa dag?

Het kasteel

De familie had altijd al eens een oud kasteel in **Duitsland** willen bezoeken, en eindelijk hebben ze de reis gemaakt. Ze werden niet **teleurgesteld**. Het kasteel was prachtig, en ze genoten van het verkennen van de vele kamers en gangen. Het eerste wat hen trof was de geur. Ze vonden **schimmel**, vochtigheid, en iets anders waar ze hun vinger niet op konden leggen. Het tweede was het geluid. Stenen muren zijn dik, maar ze dempen het geluid niet volledig. Ze hoorden elke voetstap, elk woord dat met een normale stem werd uitgesproken, en af en toe een druppeltje water **ergens** in de verte. Toen hun ogen zich aanpasten aan het zwakke licht, zagen zij overal om hen heen massieve stenen muren opdoemen, waaraan wandtapijten in flarden hingen. Ze stonden in een enorme hal met een hoog plafond, ondersteund door gebeeldhouwde pilaren. Ze hielden ook van het uitzicht vanaf de torentjes, en de kinderen vermaakten zich met rondrennen over het terrein. De **zon** begon al onder te gaan tegen de tijd dat ze klaar waren met het verkennen van het kasteel, en ze betreurden het dat ze geen **zaklamp** hadden meegenomen. Ze besloten om terug te gaan naar de ingang, maar al snel waren ze verdwaald. Ze dwaalden urenlang rond, tot ze eindelijk een deur tegenkwamen die naar buiten

Slottet

Familjen hade alltid velat besöka ett gammalt slott i **Tyskland,** och till slut gjorde de resan. De blev inte **besvikna**. Slottet var vackert och de njöt av att utforska dess många rum och korridorer. Det första som slog dem var lukten. De hittade **mögel**, fukt och något annat som de inte riktigt kunde sätta fingret på. Det andra var ljudet. Stenväggar är tjocka, men de dämpar inte ljudet helt och hållet. De hörde varje fotsteg, varje ord som sades med normal röst och ibland droppade vatten **någonstans** i fjärran. När deras ögon anpassade sig till det svaga ljuset såg de massiva stenväggar som tornade upp sig runt omkring dem och från dem hängde gobelänger i **trasiga** fragment. De stod i en enorm sal med högt tak som stöddes av snidade pelare. De älskade också utsikten från tornen, och barnen hade en fantastisk tid att springa runt på området. **Solen** hade börjat gå ner när de var klara med att utforska slottet, och de ångrade att de inte hade tagit med sig en **ficklampa**. De bestämde sig för att ta sig tillbaka till ingången, men fann sig snart vilse. De vandrade runt i vad som kändes som timmar, tills de slutligen kom till en dörr som ledde ut. De fortsatte tills de **nådde** slutet av hallen och kom till en imponerande uppsättning dubbeldörrar. De försökte hur mycket de än gjorde, men dörrarna rörde sig inte. De skramlade **betänkligt**

leidde. Ze liepen door tot ze **aan het** eind van de gang kwamen bij een imposant stel dubbele deuren. Hoe ze ook probeerden, de deuren wilden niet bewegen. Ze rammelden **onheilspellend**, maar bewogen geen centimeter. Het leek erop dat degene die hier eerder was, hier doorheen was gegaan en ze van binnenuit had afgesloten. Uiteindelijk vinden ze een uitweg. Opluchting overspoelde hen toen ze naar buiten stapten in de koele nachtlucht.

De zon begon onder te gaan en zij **betreurden het** dat zij geen zaklamp hadden meegenomen. Ze besloten terug te gaan naar de ingang, maar al gauw waren ze verdwaald. Ze dwaalden urenlang rond, tot ze eindelijk een deur tegenkwamen die **naar buiten** leidde. Opluchting overviel hen toen ze naar buiten stapten in de koele nachtlucht. De volgende avond namen ze een zaklamp mee om de rest van het kasteel te verkennen. Ze liepen over de **binnenplaats** en naar de rivier die achter de kasteelmuren stroomde. Terwijl ze rondliepen, begonnen ze vreemde geluiden te horen. Het klonk alsof iemand hen volgde. Ze versnelden hun pas, maar de geluiden werden luider en dichterbij. De familie rende zo snel als ze konden terug naar het kasteel, en ze waren opgelucht toen ze zagen dat de figuur in de **donkere** mantel hen niet was gevolgd.

men rörde sig inte en tum. Det såg ut som om den som varit här tidigare måste ha gått igenom här och låst dem inifrån. Så småningom hittar de en väg ut. Lättnad sköljde över dem när de klev ut i den svala nattluften.

Solen hade börjat gå ner och de **ångrade** att de inte hade tagit med sig en ficklampa. De bestämde sig för att ta sig tillbaka till ingången, men fann sig snart vilse. De vandrade runt i vad som kändes som timmar, tills de slutligen kom till en dörr som ledde **ut**. Lättnad sköljde över dem när de klev ut i den svala nattluften. Nästa kväll såg de till att ta med sig en ficklampa när de utforskade resten av slottet. De gick genom **gården** och ner till floden som rann bakom **slottets** murar. Medan de gick runt började de höra konstiga ljud. Det lät som om någon följde efter dem. De ökade tempot, men ljuden blev högre och närmare. Familjen sprang tillbaka till slottet så fort de kunde, och de var lättade över att se att figuren i den **mörka** kappan inte hade följt efter dem.

Begrip vragen

1. Wat deed de familie toen ze verdwaald waren in het kasteel?

2. Hoe voelde de familie zich toen ze erachter kwamen dat het gewoon een lokale man was?

3. Wat heeft de man gedaan waardoor hij gearresteerd is?

4. Wat was de straf voor de man?

5. Welk geluid hoorde de familie tijdens de wandeling?

6. Waar was de figuur in de donkere mantel toen de familie hem zag?

7. Wat deed de familie toen ze terugkwamen in hun kamer?

8. Wanneer ging de familie het kasteel weer verkennen?

9. Wat was het ding waar de familie hun vinger niet op konden leggen?

10. Wat deed de familie voordat ze weer op verkenning gingen in het kasteel?

Frågor om förståelse

1. Vad gjorde familjen när de gick vilse i slottet?

2. Hur kände sig familjen när de fick reda på att det bara var en lokal man?

3. Vad gjorde mannen som gjorde att han blev arresterad?

4. Vilken var domen för mannen?

5. Vilket ljud hörde familjen när de gick?

6. Var befann sig figuren i den mörka kappan när familjen såg honom?

7. Vad gjorde familjen när de kom tillbaka till sitt rum?

8. När gick familjen på upptäcktsfärd i slottet igen?

9. Vad var det som familjen inte kunde sätta fingret på?

10. Vad gjorde familjen innan de gick på upptäcktsfärd i slottet igen?

Mijn tuin

Mijn tuin is mijn geluksplek. Ik ga er elke dag heen, regen of zonneschijn, en besteed tijd aan het verzorgen van mijn planten. Ik heb een beetje van **alles: groenten**, fruit, bloemen, kruiden. Ik heb zelfs een paar kippen die helpen het ongedierte op afstand te houden. Ik begin mijn dagen in de tuin met het rapen van eieren bij de kippen. Dan controleer ik mijn groenten en zorg ervoor dat ze genoeg water en zon krijgen. Ik wied de bedden en verwijder insecten die de planten kunnen **aanvallen**. Als **alles** is gedaan, leun ik achterover en geniet van de rust en stilte van de natuur.

Ik heb altijd graag tijd in mijn tuin doorgebracht. Er is iets met het omringd zijn door de natuur en al het **moois** dat zij te bieden heeft. Ik vind het een heel vredige en kalmerende plek. Ik breng vaak tijd door in mijn tuin, gewoon om te ontspannen en te genieten van het landschap. Ik geniet er ook van om in mijn tuin te werken en dingen te kweken. Ik heb een behoorlijk grote tuin, en ik kweek er graag **verschillende** dingen in. Ik kweek bloemen, **groenten** en kruiden. Ik heb ook een paar fruitbomen die heerlijke appels, peren en pruimen voortbrengen. Naast het kweken van dingen, vind ik het ook leuk om gewoon in mijn tuin rond te lopen en de verschillende planten en dieren te

Min trädgård

Min trädgård är min lyckliga plats. Jag går ut dit varje dag, regn eller solsken, och ägnar tid åt att sköta mina växter. Jag har lite av **allt - grönsaker**, frukt, blommor och örter. Jag har till och med några höns som hjälper till att hålla skadedjuren borta. Jag börjar mina dagar i trädgården med att hämta ägg från hönorna. Sedan kollar jag mina grönsaker och ser till att de får tillräckligt med vatten och sol. Jag ogräsrensar rabatterna och plockar bort eventuella insekter som **angriper** växterna. När **allt är klart** sitter jag tillbaka och njuter av naturens lugn och ro.

Jag har alltid älskat att tillbringa tid i min trädgård. Det är något med att vara omgiven av naturen och all den **skönhet som** den har att erbjuda. Jag tycker att det är en mycket fridfull och lugnande plats. Jag tillbringar ofta tid i min trädgård med att bara koppla av och njuta av landskapet. Jag tycker också om att arbeta i min trädgård och odla saker. Jag har en ganska stor trädgård och jag tycker om att odla en mängd **olika** saker i den. Jag odlar blommor, **grönsaker** och örter. Jag har också några fruktträd som producerar läckra äpplen, päron och plommon. Förutom att odla saker tycker jag också om att bara gå runt i min trädgård och **beundra** alla olika växter och djur som bor där. Jag har

bewonderen die er wonen. Ik heb in de loop der jaren vele uren besteed om van mijn **tuin** een plek te maken die niet alleen mooi is, maar ook functioneel. Ik kijk graag naar de vogels die rondfladderen en luister naar hun gezang. Soms haal ik zelfs een boek tevoorschijn en lees in de tuin terwijl ik omringd ben door al het mooois dat ik heb gecreëerd. **Tuinieren** is mijn passie en het brengt me zoveel vreugde. Elke dag in mijn tuin is een goede dag.

Een van de dingen die ik graag doe is koken, dus een goed gevulde kruidentuin is erg **belangrijk** voor me. Tijm, basilicum, oregano, rozemarijn, salie en lavendel zijn slechts enkele van de kruiden die ik graag in mijn tuin kweek, zodat ik ze kan gebruiken bij het bereiden van maaltijden voor mezelf of voor **gasten**. Wat ik ook belangrijk vind in mijn tuin is dat er veel kleur in zit. Om dit doel te bereiken, kweek ik een grote verscheidenheid aan bloemen, waaronder **rozen**, lelies, madeliefjes, tulpen, impatiens, goudsbloemen, enz. Naast het toevoegen van kleur met bloemen, vind ik het ook leuk om verschillende **texturen te** gebruiken in de tuin. Zo plant ik bijvoorbeeld varens onder torenhoge zonnebloemen of hosta's **naast** stekelige siergrassen. Wat er verder ook aan de hand is in mijn leven, door in mijn tuin **te** werken voel ik me altijd meer verbonden met de natuur en in vrede met mezelf.

tillbringat många timmar under årens lopp med att göra min **trädgård** till en plats som inte bara är vacker utan också funktionell. Jag älskar att titta på fåglarna som fladdrar runt och lyssna på deras sång. Ibland tar jag till och med fram en bok och läser i trädgården medan jag är omgiven av all den skönhet som jag har skapat. **Trädgårdsarbete** är min passion och det ger mig så mycket glädje. Varje dag i min trädgård är en bra dag.

Jag älskar att laga mat och därför är det **viktigt** för mig att ha en välfylld örtträdgård. Timjan, basilika, oregano, rosmarin, salvia och lavendel är bara några av de örter som jag gillar att odla i min trädgård så att jag kan använda dem när jag lagar mat till mig själv eller till **gäster**. En annan sak som är viktig för mig när det gäller min trädgård är att se till att det finns gott om färg i hela trädgården. För att uppnå detta mål odlar jag en mängd olika blommor, bland annat **rosor**, liljor, prästkragar, tulpaner, impatiens, ringblommor osv. Förutom att ge färg med blommor gillar jag också att skapa intresse genom att använda olika **texturer i** hela trädgården. Jag kan till exempel plantera ormbunkar under höga solrosor eller hostor **tillsammans med** spetsiga prydnadsgräs. Oavsett vad som händer i livet **lyckas** arbetet i min trädgård alltid hjälpa mig att känna mig mer förknippad med naturen och känna mig i fred med mig själv.

Begrip vragen

1. Waar is de tuin van de auteur?

2. Hoeveel kippen heeft de schrijver?

3. Wat doet de schrijver elke dag in de tuin?

4. Waarom houdt de auteur van de tuin?

5. Welke kruiden plant de auteur in de tuin?

6. Waarom is het belangrijk voor de auteur dat er veel kleuren in zijn tuin zijn?

7. Hoe brengt de auteur afwisseling in zijn tuin?

8. Hoe voelt de schrijver zich als hij in zijn tuin werkt?

9. Waardoor voelt de auteur zich verbonden als hij in zijn tuin is?

10. Waarom is elke dag in de tuin van de auteur een goede dag?

Frågor om förståelse

1. Var ligger författarens trädgård?

2. Hur många höns har författaren?

3. Vad gör författaren i trädgården varje dag?

4. Varför tycker författaren om trädgården?

5. Vilka örter planterar författaren i trädgården?

6. Varför är det viktigt för författaren att det finns många färger i hans trädgård?

7. Hur skapar författaren variation i sin trädgård?

8. Hur känner sig författaren när han arbetar i sin trädgård?

9. Vad är det som gör att författaren känner sig uppslukad när han är i sin trädgård?

10. Varför är varje dag i författarens trädgård en bra dag?

Gaan winkelen

Ik hou ervan om te gaan **winkelen** in het winkelcentrum. Het is altijd zo leuk om rond te lopen en naar alle verschillende winkels te kijken. Er is voor elk wat wils in het winkelcentrum, en het is altijd een geweldige plek om deals te vinden voor kleren, schoenen en accessoires. Ik begin mijn shoppingtrip meestal met een wandeling door de **hoofdingang** van het winkelcentrum. Van daaruit ga ik eerst naar mijn favoriete winkels. Na het bekijken van die winkels, loop ik rond en kijk of er een verkoop gaande is op andere plaatsen. Meestal ben ik wel een paar uur in het winkelcentrum voordat ik eindelijk mijn aankopen doe. Ik neem altijd graag mijn tijd als ik ga winkelen**, want** ik wil zeker weten dat ik **precies** krijg wat ik wil. Plus, het is gewoon leuker op die manier!

Ik vind het altijd zo **fascinerend** om mensen te kijken als ik in het winkelcentrum ben. Je kunt echt veel over een persoon vertellen door de manier waarop ze winkelen. Sommige mensen zijn heel methodisch en nemen hun tijd, terwijl anderen gewoon lijken te grijpen **wat** ze kunnen en zo snel mogelijk naar de kassa gaan. Er zijn ook shoppers die meer geïnteresseerd lijken te zijn in het praten op hun mobieltje of in sms'en dan in het bekijken van de koopwaar! Het maakt echter

Att shoppa

Jag älskar att **shoppa** i köpcentret. Det är alltid så roligt att gå runt och titta på alla olika butiker. Det finns något för alla i köpcentret, och det är alltid ett bra ställe att hitta erbjudanden på kläder, skor och accessoarer. Jag **brukar** börja min shoppingtur med att gå genom köpcentrets **huvudentré.** Därifrån går jag först till mina favoritbutiker. Efter att ha tittat igenom dessa butiker går jag runt och ser om det pågår någon rea på andra ställen. Det slutar oftast med att jag tillbringar ett par timmar i köpcentret innan jag slutligen gör mina inköp. Jag gillar alltid att ta god tid på mig när jag shoppar **eftersom** jag vill vara säker på att jag får **exakt** det jag vill ha. Dessutom är det bara roligare på det sättet!

Jag tycker alltid att det är så **fascinerande** att titta på folk när jag är i köpcentret. Man kan verkligen få reda på mycket om en person genom hur de handlar. Vissa människor är mycket metodiska och tar god tid på sig, medan andra bara verkar ta **allt** de kan och gå till kassan så fort som möjligt. Det finns också de shoppare som verkar mer intresserade av att prata i mobiltelefon eller sms:a än att titta på varorna! Oavsett vilken typ av shoppare du är verkar dock alla tycka om att fönstershoppa - även om du faktiskt inte köper något. Det är bara något med att titta på alla vackra saker i

niet uit wat voor soort shopper je bent, iedereen lijkt te genieten van window shopping - zelfs als je niet echt iets koopt. Er is gewoon iets aan het kijken naar al die mooie dingen in de **etalages** dat me gelukkig maakt. Soms fantaseer ik over hoe het zou zijn als ik me **alles** kon veroorloven wat ik zie! Al met al is een dagje winkelen in het winkelcentrum een van mijn favoriete bezigheden. Het is een geweldige manier om te ontspannen en tot rust te komen, terwijl je ook een beetje beweging krijgt (als je maar genoeg rondloopt). Bovendien is het **altijd** leuk om jezelf af en toe te trakteren op een nieuw shirt of een paar schoenen!

Ik had een **lange** dag op het werk en had eindelijk wat tijd voor mezelf, dus besloot ik te gaan winkelen in het winkelcentrum. Ik had wat nieuwe kleren nodig voor het **komende** seizoen. Zodra ik binnenkwam, zag ik al die felle lichten en glimmende etalages. Ik ging eerst naar mijn favoriete winkel en begon door de rekken te snuffelen. Ik vond een paar leuke topjes en paste ze in de kleedkamer. Terwijl ik mezelf in de spiegel bekeek, hoorde ik iemand de kleedkamer naast de mijne binnenkomen. Ik herkende zijn stem als een van mijn collega's. We zeiden hallo en begonnen te kletsen over het werk. Na een paar minuten waren we allebei klaar en gingen we onze **eigen** weg, maar later kwamen we elkaar weer tegen. We praatten verder en beseften dat we meer gemeen hadden dan we dachten.

skyltfönstren som gör mig glad. Ibland fantiserar jag om hur det skulle vara om jag hade råd med **allt** jag ser! På det hela taget är en dag i köpcentret en av mina favoritsysselsättningar. Det är ett utmärkt sätt att koppla av och varva ner samtidigt som man får lite motion (om man går runt tillräckligt mycket). Dessutom är det **alltid** trevligt att unna sig en ny skjorta eller ett par skor då och då!

Jag hade haft en **lång** dag på jobbet och hade äntligen lite tid för mig själv, så jag bestämde mig för att shoppa i köpcentret. Jag behövde några nya kläder för den **kommande** säsongen. Så fort jag gick in såg jag alla ljusa lampor och glänsande skyltfönster. Jag gick först till min favoritbutik och började bläddra bland hyllorna. Jag hittade några söta toppar och provade dem i omklädningsrummet. När jag tittade på mig själv i spegeln hörde jag någon komma in i omklädningsrummet bredvid mitt. Jag kände igen rösten som en av mina medarbetare. Vi hälsade på varandra och började prata om jobbet. Efter några minuter blev vi båda färdiga och gick **skilda** vägar, men sprang på varandra igen senare. Vi fortsatte att prata och insåg att vi hade mer gemensamt än vi trodde.

Begrip vragen

1. Waar sla je het liefst op?

2. Wat is je favoriete winkel in het winkelcentrum?

3. Hoe lang blijft u meestal in het winkelcentrum?

4. Wat vind je van mensen die veel tijd in het winkelcentrum doorbrengen?

5. Wat is uw favoriete bezigheid in het winkelcentrum?

6. Heb je ooit iets gekocht in het winkelcentrum terwijl je het niet echt nodig had?

7. Hoe reageert u als u in het winkelcentrum iets ziet dat u heel graag zou willen hebben, maar dat te duur is?

8. Heb je ooit iets in het winkelcentrum gezien en je afgevraagd wie het zou kopen?

9. Wat vindt u van mensen die in het winkelcentrum met hun mobieltje bezig zijn in plaats van naar de winkels te kijken?

Frågor om förståelse

1. Var vill du lagra mest?

2. Vilken är din favoritbutik i köpcentret?

3. Hur länge brukar du stanna i köpcentret?

4. Vad tycker du om människor som tillbringar mycket tid i köpcentret?

5. Vad är din favoritsak att göra på köpcentret?

6. Har du någonsin köpt något på köpcentret när du egentligen inte behövde det?

7. Hur reagerar du när du ser något i köpcentret som du verkligen skulle vilja ha, men som är för dyrt?

8. Har du någonsin sett något i köpcentret och undrat vem som skulle köpa det?

9. Vad tycker du om människor som är upptagna med sina mobiltelefoner i köpcentret i stället för att titta på butikerna?

Op de markt

Ik sta op zaterdagochtend vroeg op, popelend om naar de **markt te gaan** voordat het te druk wordt. Ik trek wat kleren aan en ga de deur uit, terwijl ik onderweg mijn herbruikbare tassen pak. Terwijl ik loop, begin ik te plannen wat ik de komende week wil maken. Ik weet dat ik minstens één keer groenten wil **roosteren**, dus ik moet wat groenten van goede kwaliteit kopen. Ik wil ook een soep of stoofpot maken, dus ik moet ook wat vlees kopen. Ik zal moeten kijken wat er goed uitziet als ik daar ben. De markt is maar een paar straten verderop, en ik zie de kraampjes al staan en de **mensen al rondlopen**.

Ik kom aan op de markt en ga meteen naar de groentekraam. Het aanbod is prachtig en ik vul mijn tassen met een verscheidenheid aan **verse** producten. Ik maak een praatje met de boer en hij raadt me een paar recepten aan. Ik ben enthousiast om ze uit te proberen. Ik maak een praatje met de **boeren** terwijl ik aan het winkelen ben en leer hen en hun producten kennen. Als ik alle groenten heb die ik nodig heb, ga ik naar de vleesafdeling. Ik aarzel een beetje, omdat ik niet zeker weet wat ik wil hebben. Uiteindelijk kies ik voor kip, omdat dat veelzijdig is en in allerlei gerechten kan worden gebruikt. Ik koop

På marknaden

Jag vaknar tidigt på lördagsmorgonen och är ivrig att ta mig till **marknaden** innan det blir för mycket folk. Jag tar på mig några kläder och går ut genom dörren och tar mina återanvändbara väskor på vägen. Medan jag går börjar jag planera vad jag vill göra för veckan som kommer. Jag vet att jag vill **steka** grönsaker minst en gång, så jag måste köpa grönsaker av god kvalitet. Jag vill också göra en soppa eller gryta, så jag måste köpa lite kött också. Jag får se vad som ser bra ut när jag kommer dit. Marknaden ligger bara några kvarter bort, och jag kan redan se hur stånden står uppställda och hur **folk** rör sig där.

Jag kommer till marknaden och går direkt till grönsaksståndet. Utbudet är vackert, och jag fyller mina påsar med en mängd olika **färska** produkter. Jag pratar med bonden en stund och han rekommenderar mig några recept. Jag är förväntansfull och vill prova dem. Jag pratar med **jordbrukarna** medan jag handlar och lär känna dem och deras produkter. När jag har alla grönsaker jag behöver går jag vidare till köttavdelningen. Jag är lite mer tveksam här, eftersom jag inte är säker på vad jag vill köpa. Till slut bestämmer jag mig för kyckling eftersom det är mångsidigt och kan användas i en mängd olika rätter. Jag köper också

ook een paar verschillende stukken vlees, en zorg ervoor dat ik grasgevoerd rundvlees en **scharrelkip koop**. De slager was een vriendelijke man, altijd vrolijk ondanks de lange uren die hij werkte. Hij pakte mijn kippenborst en biefstuk in voordat hij met me praatte over zijn weekendplannen. Ik nam afscheid van hem en vervolgde mijn weg. Ik heb ook nog wat eieren en kaas meegenomen uit de zuivelafdeling.

Het krioelde van de mensen op de markt, die allemaal stonden te popelen om de verse producten en het vlees **te** bemachtigen die werden aangeboden. De lucht hing vol met de geur van knoflook en uien, en het geluid van gelach en gesprekken vulde de lucht. Ik baande me een weg door de menigte en zocht de andere dingen uit die ik nodig had voor mijn wekelijkse boodschappen. Ik vulde mijn **mandje** met fruit en groenten, pasta en brood, voordat ik naar de kassa ging. De rij was lang, maar het ging snel. Eindelijk waren de laatste **boodschappen** gedaan, en was het tijd om naar huis te gaan. De auto werd volgeladen, en de rit naar huis was lang en moeizaam. Het verkeer was druk en de hitte was drukkend. Eindelijk reed de auto de oprit op en de opluchting was voelbaar. Het huis was koel en stil, en het was een oase na de drukte van de markt. Alles werd opgeborgen, en het huis was al snel weer in zijn gebruikelijke rust en stilte. Ik had alles wat ik nodig had om **heerlijke** maaltijden te maken voor mezelf en voor mijn gezin. Het was goed om thuis te zijn.

några olika köttstycken och ser till att få gräsbetat nötkött och frigående **kyckling**. Slaktaren var en vänlig man som alltid var glad trots de långa arbetsdagarna. Han lindade in mina kycklingbröst och min biff innan han pratade med mig om sina helgplaner. Jag tog farväl av honom och fortsatte min väg. Jag tog också några ägg och ost från mejeriavdelningen.

Marknaden var full av människor som alla var ivriga att få **tag på de** färska råvaror och det kött som erbjöds. Luften var tjock av lukten av vitlök och lök och ljudet av skratt och samtal fyllde luften. Jag tog mig fram genom folkmassan och plockade ut de andra varor som jag behövde till min veckoaffär. Jag fyllde min **korg** med frukt och grönsaker, pasta och bröd innan jag gick till kassan. Kön var lång, men den gick snabbt. Till slut var de sista **matvarorna** inköpta och det var dags att åka hem. Bilen lastades och körningen hem var lång och tråkig. Trafiken var tung och värmen var tryckande. Till slut körde bilen in på uppfarten och lättnaden var påtaglig. Huset var svalt och tyst och det var en fristad efter marknadens liv och rörelse. Allting ställdes undan och huset var snart tillbaka till sin vanliga lugn och ro. Jag hade allt jag behövde för att laga några **goda** måltider till mig själv och min familj. Det var skönt att vara hemma.

Begrip vragen

1. Waar gaat de persoon heen?

2. Wat wil de persoon kopen?

3. Hoeveel tassen heeft de persoon?

4. Hoe ver weg is de markt?

5. Wat doet de persoon op dit moment?

6. Wat is alles op de markt?

7. Hoeveel mensen zijn er op de markt?

8. Hoe lang heeft de persoon erover gedaan om alles te kopen?

9. Hoe is de persoon naar huis gegaan?

10. Wat deed de persoon toen hij of zij thuiskwam?

Frågor om förståelse

1. Vart är personen på väg?

2. Vad vill personen köpa?

3. Hur många väskor har personen?

4. Hur långt bort ligger marknaden?

5. Vad gör personen just nu?

6. Vad är allt på marknaden?

7. Hur många personer finns på marknaden?

8. Hur lång tid tog det för personen att köpa allt?

9. Hur åkte personen hem?

10. Vad gjorde personen när han eller hon kom hem?

In een café

Het was een kille **herfstochtend** en ik had met mijn vriendin Lily afgesproken in ons favoriete café voor een kopje koffie. Ik wikkelde me warm in mijn jas en sjaal en ging op weg. De bladeren vielen van de bomen en de lucht was een beetje fris, maar de zon scheen en het beloofde een mooie dag te worden. Terwijl ik liep, **dacht** ik aan hoe goed het was om een vriendin als Lily te hebben. We waren al jaren vriendinnen, sinds we elkaar op de **universiteit** ontmoetten. We kregen een band door onze voorliefde voor koffie en het kletsen in cafés. Ook al woonden we nu in verschillende delen van de stad, we kwamen nog steeds één keer per week samen om koffie te drinken. Ik kwam aan bij het café, en Lily zat daar al op me te wachten. We omhelsden elkaar en bestelden onze koffie. We vonden een tafeltje bij het raam en gingen zitten kletsen. De **koffie** was heerlijk, zoals altijd, en het was zo leuk om bij te praten met Lily. We spraken over onze week, onze banen, en onze plannen voor de toekomst. Het was altijd zo makkelijk om met Lily te praten, en ik had het gevoel dat ik haar alles kon vertellen. Na een tijdje begonnen we honger te krijgen en **besloten we** wat eten te bestellen.

We **bestelden** ons eten en zochten een plaatsje bij het raam. De zon scheen door het raam naar binnen,

På ett café

Det var en kylig höstmorgon och jag hade bestämt mig för att träffa min vän Lily på vårt favoritkafé för att ta en kaffe. Jag svepte in mig varmt i min kappa och halsduk och gick iväg. Löven höll på att falla från träden och luften hade en liten gnutta, men solen sken och det lovade att bli en vacker dag. Medan jag gick **tänkte** jag på hur bra det var att ha en vän som Lily. Vi hade varit vänner i flera år, ända sedan vi träffades på **universitetet**. Vi hade knutit band till varandra genom vår kärlek till kaffe och genom att tillbringa tid med att prata på kaféer. Även om vi nu bodde i olika delar av staden lyckades vi fortfarande träffas på kaffe en gång i veckan. Jag kom till caféet och Lily var redan där och väntade på mig. Vi kramade varandra hej och beställde sedan våra kaffesorter. Vi hittade ett bord vid fönstret och slog oss ner för att prata. **Kaffet** var utsökt, som alltid, och det var så trevligt att prata med Lily. Vi pratade om vår vecka, våra jobb och våra planer för framtiden. Det var alltid så lätt att prata med Lily och det kändes som om jag kunde berätta allt för henne. Efter ett tag började vi bli hungriga och **bestämde oss för att** beställa lite mat.

Vi **beställde** vår mat och hittade en plats vid fönstret. Solen sken in genom fönstret och fick allt att kännas

waardoor alles warm en gelukkig aanvoelde. We babbelden terwijl we ons eten aten, en genoten van het simpele plezier om in elkaars **gezelschap** te zijn. Het was druk in het café, maar het voelde niet druk aan. Er hing een gevoel van vrede en tevredenheid in de lucht. Toen we ons eten op hadden, bleven we nog een tijdje zitten, genietend van de vredige **sfeer**. We praatten een tijdje over verschillende dingen die in ons leven waren gebeurd. Het was zo fijn om bij te praten met mijn vriend en gewoon **te ontspannen**. De zon scheen door het raam, en het voelde alsof **niets** onze perfecte dag kon verpesten.

Plotseling hoorde ik een harde klap. Ik draaide me om en zag dat een man door het plafond was gevallen en voor ons op de grond lag. Hij was **bedekt** met stof en puin en leek bewusteloos te zijn. Mijn vriend en ik waren allebei in shock toen we naar de man staarden die op de grond lag. We wisten niet wat we moesten doen of wie we moesten bellen voor hulp. We zaten daar gewoon naar hem te staren, niet wetend wat te doen. Na een paar minuten kwam ik bij en belde 911. De telefoniste zei me dat er zo iemand zou komen. Ik hing de telefoon op en vertelde mijn vriend wat de **telefoniste** had gezegd. We zaten daar allebei te wachten tot er hulp kwam. Het leek wel een eeuwigheid, maar uiteindelijk **kwam** er een ambulance. De ambulancebroeders snelden naar binnen en begonnen met de man te werken.

varmt och glatt. Vi pratade medan vi åt vår mat och njöt av det enkla nöjet att vara i varandras **sällskap**. Caféet var upptaget, men det kändes inte trångt. Det fanns en känsla av frid och tillfredsställelse i luften. När vi hade ätit upp vår mat satt vi en stund till och njöt av den fridfulla **atmosfären**. Vi pratade en stund om olika saker som hade hänt i våra liv. Det var så skönt att få prata med min vän och bara **slappna av**. Solen sken genom fönstret och det kändes som om **ingenting** kunde förstöra vår perfekta dag.

Plötsligt hörde jag en hög ljudlig krasch. Jag vände mig om och såg att en man hade fallit genom taket och låg på golvet framför oss. Han var **täckt av** damm och skräp och verkade vara medvetslös. Min vän och jag var båda i chock när vi stirrade på mannen som låg på golvet. Vi visste inte vad vi skulle göra eller vem vi skulle ringa efter hjälp. Vi satt bara där och stirrade på honom utan att veta vad vi skulle göra. Efter några minuter kom jag till mig själv och ringde 112. Operatören sa till mig att någon skulle vara där snart. Jag lade på luren och berättade för min vän vad **operatören** hade sagt. Vi båda satt bara där och väntade på att hjälpen skulle komma. Det kändes som en evighet, men till slut **kom** en ambulans. Ambulanspersonalen rusade in och började arbeta med mannen.

Begrip vragen

1. Waar komt de man vandaan die door het dak valt?

2. Waarom is de vrouw met haar vriendin in het café?

3. Wat is het favoriete café van de twee vrienden?

4. Hoe lang kennen de twee vrienden elkaar al?

5. Wat is het favoriete drankje van de twee vrienden?

6. In welke stad wonen de twee vrienden?

7. Hoe vaak ontmoeten de twee vrienden elkaar?

8. Waar hebben de twee vrienden het over als ze elkaar voor het eerst ontmoeten in hun favoriete café?

9. Wat is het lievelingseten van de twee vrienden?

10. Waarom is het zo makkelijk om met Lily te praten?

Frågor om förståelse

1. Varifrån kommer mannen som faller genom taket?

2. Varför är kvinnan med sin väninna på kaféet?

3. Vilket är de två vännernas favoritkafé?

4. Hur länge har de två vännerna känt varandra?

5. Vad är de två vännernas favoritdryck?

6. I vilken stad bor de två vännerna?

7. Hur ofta träffas de två vännerna?

8. Vad pratar de två vännerna om när de först träffas på sitt favoritkafé?

9. Vad är de två vännernas favoritmat?

10. Varför är det så lätt att prata med Lily?

Gaan zwemmen

Het zwembad was altijd een **verfrissende** plek om te zijn, en vandaag was dat niet anders. De zon scheen en het water zag er uitnodigend uit. Ik haalde diep adem en dook erin, de koele omhelzing van het water voelend. Ik zwom een tijdje baantjes, genoot van de beweging en de kans om mijn hoofd leeg te maken. Na een tijdje kwam ik eruit en droogde me af, waarna ik op een handdoek ging zitten om te relaxen in de zon. Ik sloot mijn ogen en liet de **warmte** over me heen spoelen, ik voelde mijn spieren ontspannen. Plotseling hoorde ik een plons en opende mijn ogen om mijn kleine zusje te zien **poedelen** in het ondiepe gedeelte. Ik glimlachte en keek een tijdje naar haar, stond toen op en liep naar haar toe. We kletsten wat en peddelden samen wat rond, genietend van elkaars gezelschap. Al snel kwamen onze ouders erbij, en we brachten de rest van de middag zwemmend en spelend door. Het was altijd zo leuk om tijd met de familie in het zwembad door te brengen. Er is **iets** met in het water zijn dat mensen samenbrengt. Misschien is het omdat we allemaal gelijk zijn als we in het water zijn - we kunnen onze gebreken niet verbergen of doen alsof we iets zijn wat we niet zijn. Of misschien is het gewoon omdat het leuk is! **Wat** de reden ook is, ik was gewoon blij dat we allemaal bij elkaar konden komen en van elkaars gezelschap

Att simma

Poolen var alltid en **uppfriskande** plats att vara på, och idag var det inte annorlunda. Solen sken och vattnet såg inbjudande ut. Jag tog ett djupt andetag och dök ner och kände vattnets svala omfamning. Jag simmade varv ett tag och njöt av motionen och chansen att rensa huvudet. Efter en stund gick jag ut och torkade mig, och satte mig sedan på en handduk för att slappna av i solen. Jag slöt ögonen och lät **värmen** skölja över mig och kände hur mina muskler började slappna av. Plötsligt hörde jag ett plask och öppnade ögonen för att se min lillasyster **paddla** runt i den grunda delen. Jag log och tittade på henne en stund, sedan reste jag mig upp och gick över till henne. Vi pratade lite och paddlade runt tillsammans och njöt av varandras sällskap. Snart anslöt sig våra föräldrar till oss och vi tillbringade resten av eftermiddagen med att simma och spela spel tillsammans. Det var alltid så trevligt att tillbringa tid med familjen vid poolen. Det är **något** med att vara i vattnet som bara verkar föra människor samman. Kanske beror det på att vi alla är lika när vi är i vattnet - vi kan inte dölja våra brister eller låtsas vara något vi inte är. Eller kanske är det bara för att det är roligt! **Oavsett vad** anledningen är så var jag bara glad att vi alla kunde samlas och njuta av varandras sällskap på en så speciell plats.

konden genieten op zo'n speciale plek.

De zon scheen op mijn huid en de geur van chloor hing in de lucht. Ik kon de geluiden horen van lachende kinderen die in het zwembad spetterden. Ik lag op een ligstoel naast het zwembad, te genieten van de zon en **de** dag. Ik had mijn ogen gesloten en wilde net in slaap vallen toen ik iemand naar me toe hoorde lopen. Ik opende mijn ogen en zag een vrouw naast me staan. Ze droeg een bikini en had een handdoek om haar middel gewikkeld. Ze had lang blond haar en blauwe ogen. Ze had een fles **zonnebrandcrème** in haar hand. "Vind je het erg als ik wat zonnebrandcrème op je rug smeer?" vroeg ze. "Nee, dat hoeft niet," zei ik, terwijl ik rechtop ging zitten zodat ze bij mijn rug kon. Ik voelde haar handen op mijn huid terwijl ze de zonnebrandcrème aanbracht.

Haar aanraking was zacht en de geur van de zonnebrandcrème was kalmerend. Ik sloot mijn ogen weer en liet me ontspannen. Ik kon het **geluid** van haar bewegingen horen, maar ik opende mijn ogen niet. Ik was tevreden met het feit dat ik daar in de zon lag, luisterend naar het geluid van de golven **die** tegen de kust sloegen. Na een paar minuten liep ze weg, en ik opende mijn ogen. Ik keek naar haar terwijl ze terugliep naar haar ligstoel en haar boek oppakte. Ze nestelde zich in haar stoel en begon te lezen. Ik sloot mijn ogen weer en liet me wegdrijven in slaap.

Solen slog ner på min hud och lukten av klorin låg i luften. Jag kunde höra ljudet av barn som skrattade och plaskade runt i poolen. Jag låg på en solstol vid poolen och njöt av solen och **njöt av** dagen. Jag hade ögonen stängda och skulle precis somna när jag hörde någon komma fram till mig. Jag öppnade ögonen och såg en kvinna stå bredvid mig. Hon hade en bikini på sig och en handduk lindad runt midjan. Hon hade långt blont hår och blå ögon. Hon höll en flaska **solkräm i** handen. "Har du något emot att jag smörjer in din rygg med solkräm?" frågade hon. "Nej, det är okej", sa jag och satte mig upp så att hon kunde nå min rygg. Jag kände hennes händer på min hud när hon applicerade solkrämen.

Hennes beröring var mild och doften av solkrämen var lugnande. Jag slöt ögonen igen och lät mig slappna av. Jag kunde höra **ljudet av att** hon rörde sig, men jag öppnade inte ögonen. Jag var nöjd med att bara ligga där i solen och lyssna på ljudet av vågorna **som slog** mot stranden. Efter några minuter gick hon iväg och jag öppnade ögonen. Jag tittade på henne när hon gick tillbaka till sin solstol och plockade upp sin bok. Hon satte sig i stolen och började läsa. Jag slöt ögonen igen och lät mig glida in i sömnen.

Begrip vragen

1. Waar was de verteller toen hij het verhaal begon?

2. Wat ruikt de verteller als hij zijn ogen opent?

3. Wat hoort de verteller als hij zijn ogen opent?

4. Van wie is de zonnebrandcrème die de vrouw aan de verteller geeft?

5. Waar droomt de verteller over?

6. Waarom is zwemmen in de zee zo speciaal voor de verteller?

7. Hoe voelt het water aan waarin de verteller zwemt?

8. Wat ziet de verteller als hij uit het water komt?

9. Wat doet de vrouw nadat ze de verteller heeft ingesmeerd met zonnebrandcrème?

10. Waarover praten de verteller en de vrouw aan het eind van het verhaal?

Frågor om förståelse

1. Var befann sig berättaren när han började berättelsen?

2. Vad luktar berättaren när han öppnar ögonen?

3. Vad hör berättaren när han öppnar ögonen?

4. Vems solkräm ger kvinnan berättaren?

5. Vad drömmer berättaren om?

6. Varför är det så speciellt för berättaren att simma i havet?

7. Hur känns vattnet som berättaren simmar i?

8. Vad ser berättaren när han kommer upp ur vattnet?

9. Vad gör kvinnan efter att hon har smörjt in berättaren med solkräm?

10. Vad pratar berättaren och kvinnan om i slutet av berättelsen?

Het maaien van het gazon

Het is 10 uur 's ochtends op een zomerse **zaterdag**, en de zon schijnt al ongenadig. Je sjokt naar de garage om de grasmaaier te halen, met het gevoel dat je **veroordeeld bent** tot dwangarbeid. Je begint het gazon te maaien, en zorgt ervoor dat je het rustig aan doet, zodat je niets over het hoofd ziet. Terwijl je aan het maaien bent, denk je aan hoe goed het voelt om buiten in de frisse lucht te zijn. Terwijl je de maaier heen en weer over het gazon duwt, zie je vanuit je **ooghoek je** buurman. Je zwaait en zegt hallo, en hij zwaait terug.

Na een paar minuten ben je klaar, en je gaat naar het huis van je buurman om met hem een biertje te drinken in de voortuin. Het is een **perfecte** dag - niet te warm, met een zacht briesje. Je zit daar in de schaduw van de boom, nipt van je biertje en kletst wat met je buurman. Het zijn dagen als deze die je de zomer doen waarderen. Dan **ga** je naar binnen voor een welverdiend biertje. Je ploft neer in een stoel op de veranda, trekt het blikje open en slaakt een tevreden zucht. Het geluid van de maaier verdwijnt naar de achtergrond terwijl je in de schaduw ontspant en geniet van de **rust** van het moment. Het bier smaakt extra

Klippning av gräsmattan

Klockan är 10 på förmiddagen en **sommarlördag och** solen slår redan obarmhärtigt ner. Du går ut i garaget för att hämta gräsklipparen och känner att du är **dömd** till hårt arbete. Du börjar klippa gräsmattan och ser till att gå lugnt och sakta så att du inte missar några ställen. Medan du klipper tänker du på hur bra det känns att vara ute i den friska luften. När du börjar skjuta gräsklipparen fram och tillbaka över gräsmattan ser du din granne ur **ögonvrån**. Du vinkar och säger hej, och han vinkar tillbaka.

Efter några minuter är du klar och går till din granne för att ta en öl med honom i trädgården. Det är en **perfekt** dag - inte för varmt, med en lätt bris som blåser. Du sitter där i skuggan av trädet, dricker din öl och pratar med din granne. Det är sådana här dagar som gör att man uppskattar sommaren. Sedan **går** du in och tar en välförtjänt öl. Du slår dig ner i en stol på verandan, öppnar burken och suckar nöjt. Ljudet från gräsklipparen försvinner i bakgrunden medan du slappnar av i skuggan och njuter av stundens **lugn.** Ölet smakar extra gott efter allt hårt arbete i värmen. Jag skulle just gå in när jag hörde ett ljud i grannhuset.

goed na al dat harde werk in de hitte. Ik stond op het punt om naar binnen te gaan toen ik een geluid hoorde bij de buren.

Het **klonk** alsof iemand huilde. Ik stopte met maaien en liep naar het hek dat onze tuinen scheidde. Ik keek om en zag mijn buurvrouw, mevrouw Johnson, huilen op haar schommelbank. Ik riep naar haar, maar ze hoorde me niet. Ik klom over het hek en liep naar haar toe. "Mevrouw Johnson, is alles goed met u?" vroeg ik. Ze keek met tranen in haar ogen naar me op en schudde haar hoofd. "Nee, het gaat niet goed met me," zei ze. "Mijn kat is gisteren gestorven." Ik was geschokt. Ik wist niet wat ik moest zeggen. Ik stond daar maar wat ongemakkelijk, niet wetend wat ik moest doen. Uiteindelijk legde ik mijn hand op haar **schouder** en zei: "Het spijt me zo, mevrouw Johnson. Als er iets is wat ik kan doen om te helpen, laat het me alsjeblieft weten. "Ze schudde haar hoofd en zei: Nee, er is **niets** dat iemand kan doen. Toen stond ze op en ging haar huis binnen. Ik stond daar een ogenblik, niet wetend wat te doen. Toen ging ik verder met het maaien van mijn gazon. Toen ik klaar was, moest ik denken aan mevrouw Johnson en haar kat.

Det **lät** som om någon grät. Jag slutade klippa och gick över till staketet som skiljde våra trädgårdar åt. Jag tittade över och såg min granne, Mrs Johnson, gråta på sin verandagunga. Jag ropade på henne, men hon hörde mig inte. Jag klättrade över staketet och gick över till henne. "Mrs Johnson, mår ni bra?" Jag frågade. Hon tittade upp på mig med tårar i ögonen och skakade på huvudet. "Nej, jag mår inte bra", sade hon. "Min katt dog i går." Jag blev chockad. Jag visste inte vad jag skulle säga. Jag stod bara där obekvämt och visste inte vad jag skulle göra. Till slut lade jag min hand på hennes **axel** och sa: "Jag är så ledsen, mrs Johnson. Om det finns något jag kan göra för att hjälpa till, så säg till. " Hon skakade på huvudet och sa: "Nej, det finns **ingenting som** någon kan göra". Sedan reste hon sig upp och gick in i sitt hus. Jag stod där en stund och visste inte vad jag skulle göra. Sedan gick jag tillbaka till att klippa min gräsmatta. När jag blev klar kunde jag inte låta bli att tänka på Mrs Johnson och hennes katt.

Begrip vragen

1. Hoe laat is het?

2. Waar is de persoon aan het maaien?

3. Hoe voelt de persoon zich?

4. Waarom moet de persoon langzaam maaien?

5. Wat voor weer is het?

6. Wat doet de persoon na het maaien?

7. Wat hoort de persoon voordat hij naar huis gaat?

8. Wie is er bij Mrs Johnson?

9. Waarom huilt Mrs Johnson?

10. Wat zegt de persoon tegen mevrouw Johnson?

Frågor om förståelse

1. Vad är klockan?

2. Var är personen som klipper?

3. Hur känner sig personen?

4. Varför måste personen klippa långsamt?

5. Vad är det för väder?

6. Vad gör personen efter klippningen?

7. Vad hör personen innan han går hem?

8. Vem är med fru Johnson?

9. Varför gråter fru Johnson?

10. Vad säger personen till fru Johnson?

Naar de kapper

Ik wilde al weken naar de kapper, maar op de een of andere manier kon ik het steeds uitstellen. Maar met **Kerstmis voor de deur**, wist ik dat ik het niet langer kon uitstellen. Ik wilde niet op het kerstdiner van mijn familie verschijnen als een smerige puinhoop. Dus, vroeg op kerstochtend, ging ik naar de salon. Hoewel het vroeg was, was de salon al druk bezig met andere mensen **die** hun haar lieten doen voor de feestdagen. Ik nam plaats in de rij en wachtte op mijn beurt. Eindelijk was het mijn beurt in de stoel. De styliste, een vriendelijke vrouw die Jill heette, vroeg me wat ik wilde. "Gewoon een knipbeurt, niets te drastisch," antwoordde ik. Jill ging aan de slag en knipte mijn haar weg. Terwijl ze werkte, begon ik te ontspannen. Het voelde goed om eindelijk voor mezelf te zorgen. Ik had het de laatste tijd zo druk gehad met voor iedereen te zorgen, dat ik mijn eigen behoeften aan de kant had laten liggen. Maar **nu** niet **meer**. Van nu af aan, zou ik tijd voor mezelf maken.

Toen Jill klaar was, keek ik in de spiegel en was blij met wat ik zag. Mijn haar zag er netjes en gepolijst uit-perfect voor vakantie bijeenkomsten. Ik **bedankte** Jill en maakte een notitie om vaker terug te komen. Van nu af aan zal ik in de eerste plaats voor mezelf zorgen. Ze begon aan mijn haar te knippen. Ik bedacht

Att klippa sig

Jag hade tänkt klippa mig i flera veckor, men på något sätt lyckades jag alltid skjuta upp det. Men med **julen** runt hörnet visste jag att jag inte kunde skjuta upp det längre. Jag ville inte dyka upp till familjens julmiddag och se ut som en slarvig röra. Så tidigt på juldagsmorgonen begav jag mig till salongen. Trots att det var tidigt var salongen redan upptagen med andra människor som **skulle** fixa håret inför julen. Jag tog plats i kön och väntade på min tur. Slutligen var det min tur i stolen. Stylisten, en vänlig kvinna vid namn Jill, frågade mig vad jag ville ha. "Bara en trimning, inget alltför drastiskt", svarade jag. Jill började arbeta och klippte bort mitt hår. Medan hon arbetade började jag slappna av. Det kändes bra att äntligen ta hand om mig själv. Jag hade varit så upptagen den senaste tiden, jag hade sprungit runt och tagit hand om alla andra, att jag hade låtit mina egna behov falla bort. Men inte **längre**. Från och med nu skulle jag ta mig tid för mig själv.

När Jill var klar tittade jag mig i spegeln och var nöjd med vad jag såg. Mitt hår såg snyggt och polerat ut - perfekt för semestermöten. Jag **tackade** Jill och gjorde en **mental** anteckning om att komma tillbaka oftare. Från och med nu kommer jag att ta hand om mig själv först och främst. Hon började arbeta med att klippa

hoe dankbaar ik was dat ik er eindelijk aan toe was gekomen om mijn haar te laten knippen. Het voelde goed om te weten dat ik er toonbaar uit zou zien voor **het kerstdiner**. Ik hoefde me geen zorgen meer te maken dat mijn familie me zou plagen over mijn “smerige” uiterlijk. Na een paar minuten was de styliste klaar met het knippen van mijn haar en föhnde ze me snel. Ik keek in de spiegel en was blij met wat ik zag: een strak geknipt kapsel dat perfect zou zijn voor het kerstdiner. Nu mijn kapsel achter de rug was, kon ik me concentreren op de feestdagen met mijn gezin. En daar was ik nog dankbaarder voor.

Het voelde zo **bevrijdend**, en ik hield van de manier waarop mijn nieuwe kapsel eruit zag. Nadat ik voor mijn kapsel had betaald, ging ik naar huis en begon ik in te pakken voor mijn reis. Ik **kon niet** wachten om mijn nieuwe look aan mijn familie en vrienden te tonen. Ik wist dat ze verrast zouden zijn als ze me zouden zien. Op de dag van mijn vlucht kwam ik ruim op tijd aan op de luchthaven. Ik ging zonder problemen door de beveiliging en al snel was ik op weg. Zodra ik op mijn bestemming aankwam, kon ik de opwinding in de lucht voelen. Kerstmis hing zeker in de lucht! Mijn familie was er om me op de luchthaven te begroeten, en ze waren allemaal verbaasd over mijn nieuwe kapsel. We brachten de volgende dagen door **met bijpraten** en genieten van elkaars **gezelschap**.

mitt hår. Jag tänkte på hur tacksam jag var för att jag äntligen hade hunnit klippa mig. Det kändes bra att veta att jag skulle se presentabel ut till **julmiddagen**. Jag skulle inte längre behöva oroa mig för att min familj skulle retas med mig om mitt "slarviga" utseende. Efter några minuter var stylisten klar med att klippa mitt hår och gav mig en snabb föning. Jag tittade i spegeln och var nöjd med vad jag såg - en ren frisyr som skulle passa perfekt till julmiddagen. Nu när min klippning var avklarad kunde jag fokusera på att njuta av julen med min familj. Och det var jag ännu mer tacksam för.

Det kändes så **befriande** och jag älskade hur min nya frisyr såg ut. När jag hade betalat för frisyren gick jag hem och började packa för min resa. Jag **kunde inte** vänta med att visa upp min nya look för min familj och mina vänner. Jag visste att de skulle bli förvånade när de såg mig. På dagen för mitt flyg anlände jag till flygplatsen med gott om tid över. Jag gick igenom säkerhetskontrollen utan några problem och snart var jag på väg. Så snart jag kom fram till min destination kunde jag känna spänningen i luften. Julen låg definitivt i luften! Min familj var där för att välkomna mig på flygplatsen, och de var alla förvånade över min nya frisyr. Vi tillbringade de närmaste dagarna med att **prata** och njuta av varandras **sällskap**.

Begrip vragen

1. Wat moest de hoofdpersoon doen voor Kerstmis?

2. Hoe vond de hoofdpersoon het om voor zichzelf te zorgen?

3. Wie heeft het haar van de hoofdpersoon geknipt?

4. Waarom ging de familie van de hoofdpersoon haar plagen?

5. Hoe voelde de hoofdpersoon zich nadat ze naar de kapper was geweest?

6. Wat heeft de hoofdpersoon gedaan nadat ze naar de kapper is geweest?

7. Wat was de reactie van de familie van de hoofdpersoon op haar kapsel?

8. Wat deed de hoofdpersoon op kerstavond?

9. Wat maakte de ervaring van de hoofdpersoon specialer?

10. Wat zou er gebeuren als de hoofdpersoon niet naar de kapper zou gaan?

Frågor om förståelse

1. Vad måste huvudpersonen göra före jul?

2. Hur kände huvudpersonen för att ta hand om sig själv?

3. Vem klippte huvudpersonens hår?

4. Varför skulle huvudpersonens familj retas med henne?

5. Hur kände sig huvudpersonen efter att ha klippt sig?

6. Vad gjorde huvudpersonen efter att ha klippt sig?

7. Hur reagerade huvudpersonens familj på hennes frisyr?

8. Vad gjorde huvudpersonen på julafton?

9. Vad gjorde huvudpersonens upplevelse mer speciell?

10. Vad skulle hända om huvudpersonen inte klippte sig?

Het park

De zon ging onder, en het park was leeg. Ik zat op het bankje te wachten op mijn **vriendin**. We hadden hier al een uur geleden afgesproken, maar ze was altijd te laat. Net toen ik het wilde opgeven en naar huis wilde gaan, zag ik haar naar me toe rennen. “Het spijt me zo,” hijgde ze toen ze de bank bereikte. “Mijn trein **had vertraging**.” “Het is goed,” zei ik **vergevingsgezind**. “Ik ben hier net zelf.” We gingen zitten en praatten een poosje, praatten bij over elkaars leven sinds we elkaar voor het laatst zagen. Het gesprek verliep **vlot**, en het leek alsof er helemaal geen tijd was verstreken sinds we elkaar voor het laatst hadden gezien. Toen de zon onderging, namen we afscheid en gingen onze eigen weg. De volgende keer dat we elkaar zagen, was in een ander park. Weer was ze te laat, maar dat vond ik niet erg. Het was fijn om iemand te hebben om mee te praten die me **begreep**. We spraken over onze dromen en **aspiraties**, dingen die we wilden doen met ons leven. Zij vertelde me over haar plannen om de wereld rond te reizen, en ik deelde mijn droom om schrijfster te worden. Toen de zon weer onderging, namen we afscheid van elkaar en beloofden we elkaar dit keer te blijven zien.

Jaren gingen voorbij, en onze **vriendschap** bleef sterk,

Parken

Solen höll på att gå ner och parken var tom. Jag satt på bänken och väntade på min **vän**. Vi hade planerat att träffas här för en timme sedan, men hon var alltid sen. Precis när jag höll på att ge upp och gå hem såg jag henne springa mot mig. “Jag är så ledsen”, flämtade hon när hon kom fram till bänken. “Mitt tåg blev **försenat.**” “Det är okej”, sa jag **förlåtande**. “Jag kom precis hit själv.” Vi satte oss ner och pratade en stund och berättade om varandras liv sedan vi träffades senast. Samtalet flöt **lätt** och det kändes som om det inte hade gått någon tid alls sedan vi sågs sist. När solen gick ner tog vi farväl och gick skilda vägar. Nästa gång vi träffades var det i en annan park. Återigen var hon sen, men det gjorde inget. Det var skönt att ha någon att prata med som **förstod** mig. Vi pratade om våra drömmar och **ambitioner,** saker vi ville göra med våra liv. Hon berättade om sina planer på att resa runt i världen, och jag delade med mig av min dröm om att bli författare. När solen gick ner på en annan dag tog vi farväl ännu en gång och lovade att hålla kontakten den här gången.

Åren gick, och vår **vänskap** förblev stark även om vi nu bodde i olika delar av landet. Vi höll kontakten genom brev och tillfälliga telefonsamtal och delade nyheter från våra liv med varandra. När hon meddelade

ook al woonden we nu in verschillende delen van het land. We hielden contact door middel van brieven en af en toe telefoontjes, waarbij we nieuws over ons leven met elkaar deelden. Toen ze aankondigde dat ze ging trouwen, was ik niet **verbaasd** - ze was altijd al een **avontuurlijk** type geweest. Maar toen ze me vroeg of ik haar bruidsmeisje wilde zijn op haar huwelijksceremonie, dat halverwege de wereld zou plaatsvinden, van waar ik woonde... daar was wel wat overtuigingskracht voor nodig! Maar uiteindelijk kon ik mijn beste vriendin niet laten trouwen zonder mij aan haar zijde, dus ondanks mijn angsten (en na veel smeken van haar!) **stemde** ik ermee in om mee te gaan op wat het **avontuur** van mijn leven bleek te zijn.

De dag van de **bruiloft was** eindelijk aangebroken. Ik was nerveus, maar opgewonden om deel uit te maken van zo'n belangrijk moment in het leven van mijn vriendin. De ceremonie was prachtig, en ze zag er gelukkig uit toen ze haar geloften aflegde. **Daarna** vierden we het met een groot feest - het leek wel of iedereen die ze kende was gekomen om het met haar te vieren! Het was een **magische** dag die ik nooit zal vergeten, en onze vriendschap is na dat avontuur alleen maar sterker geworden. Nu, jaren later, houden we nog steeds contact. We zijn allebei veel **veranderd** sinds we elkaar voor het eerst ontmoetten, maar onze vriendschap is nog even sterk als altijd.

att hon skulle gifta sig blev jag inte **förvånad** - hon hade alltid varit den **äventyrliga** typen. Men när hon frågade mig om jag ville vara hennes hedersbrudtärna vid hennes bröllopsceremoni som ägde rum på andra sidan jordklotet från där jag bodde... det krävdes en del övertalning! I slutändan kunde jag dock inte låta min bästa väninna gifta sig utan mig vid hennes sida, så trots mina farhågor (och efter mycket bön från henne!) **gick** jag **med på** att följa med på vad som visade sig bli sitt livs **äventyr.**

Bröllopsdagen kom äntligen. Jag var nervös, men glad över att få vara en del av ett så viktigt ögonblick i min väns liv. Ceremonin var vacker och hon såg lycklig ut när hon avgav sina löften. **Efteråt** firade vi med en stor fest - det verkade som om alla hon kände hade kommit för att fira med henne! Det var en **magisk** dag som jag aldrig kommer att glömma, och vår vänskap blev bara starkare efter detta äventyr. Nu, flera år senare, håller vi fortfarande kontakten. Vi har båda **förändrats** mycket sedan vi träffades första gången, men vår vänskap är lika stark som någonsin.

Begrip vragen

1. Waar hebben de auteur en haar vriendin elkaar voor het eerst ontmoet?

2. Waarom was de vriend van de auteur te laat op hun afspraak?

3. Waar hadden de vrienden het over toen ze elkaar jaren later weer ontmoetten?

4. Hoe vond de schrijfster het om de huwelijksceremonie van haar vriendin bij te wonen?

5. Beschrijf de omgeving van de huwelijksceremonie.

6. Hoe is de vriendschap tussen de twee vrouwen in de loop der tijd veranderd?

7. Wat is de droom van de auteur?

8. Waar is de vriend van de schrijver van plan heen te reizen?

9. Waarom aarzelde de schrijfster om de huwelijksceremonie van haar vriendin bij te wonen?

Frågor om förståelse

1. Var träffades författaren och hennes vän första gången?

2. Varför var författarens vän sen till mötet?

3. Vad pratade vännerna om när de träffades igen flera år senare?

4. Hur kändes det för författaren att delta i sin väns bröllopsceremoni?

5. Beskriv hur bröllopsceremonin går till.

6. Hur har vänskapen mellan de två kvinnorna förändrats med tiden?

7. Vad är författarens dröm?

8. Vart planerar författarens vän att resa?

9. Varför tvekade författaren att delta i sin väns bröllopsceremoni?

www.ingramcontent.com/pod-product-compliance
Lightning Source LLC
LaVergne TN
LVHW012101160826
845678LV00014B/2895

* 9 7 9 8 3 5 3 1 7 7 7 5 3 *